U0920481

Zhongguo Wenhua Zhishi Duben

中国文化知识读本

秦始皇陵兵马俑

主编 金开诚
编著 郝熙美

吉林出版集团有限责任公司
吉林文史出版社

图书在版编目（CIP）数据

秦始皇陵兵马俑 / 郝熙美编著. -- 长春 : 吉林出版集团有限责任公司 : 吉林文史出版社, 2009.12（2023.4重印）
（中国文化知识读本）
ISBN 978-7-5463-1677-2

Ⅰ. ①秦… Ⅱ. ①郝… Ⅲ. ①秦始皇陵-兵马俑-简介 Ⅳ. ①K878.9

中国版本图书馆CIP数据核字(2009)第236900号

秦始皇陵兵马俑

QINSHIHUANG LING BINGMAYONG

主编/ 金开诚　编著/郝熙美
项目负责/崔博华　责任编辑/曹恒　崔博华
责任校对/梁丹丹　装帧设计/曹恒
出版发行/吉林出版集团有限责任公司　吉林文史出版社
地址/长春市福祉大路5788号　邮编/130000
印刷/天津市天玺印务有限公司
版次/2009年12月第1版　印次/2023年4月第6次印刷
开本/660mm×915mm　1/16
印张/8　字数/30千
书号/ISBN 978-7-5463-1677-2
定价/34.80元

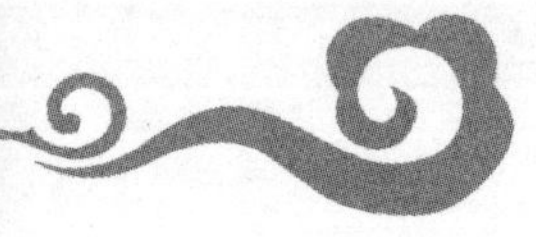

前 言

文化是一种社会现象，是人类物质文明和精神文明有机融合的产物；同时又是一种历史现象，是社会的历史沉积。当今世界，随着经济全球化进程的加快，人们也越来越重视本民族的文化。我们只有加强对本民族文化的继承和创新，才能更好地弘扬民族精神，增强民族凝聚力。历史经验告诉我们，任何一个民族要想屹立于世界民族之林，必须具有自尊、自信、自强的民族意识。文化是维系一个民族生存和发展的强大动力。一个民族的存在依赖文化，文化的解体就是一个民族的消亡。

随着我国综合国力的日益强大，广大民众对重塑民族自尊心和自豪感的愿望日益迫切。作为民族大家庭中的一员，将源远流长、博大精深的中国文化继承并传播给广大群众，特别是青年一代，是我们出版人义不容辞的责任。

本套丛书是由吉林文史出版社和吉林出版集团有限责任公司组织国内知名专家学者编写的一套旨在传播中华五千年优秀传统文化，提高全民文化修养的大型知识读本。该书在深入挖掘和整理中华优秀传统文化成果的同时，结合社会发展，注入了时代精神。书中优美生动的文字、简明通俗的语言、图文并茂的形式，把中国文化中的物态文化、制度文化、行为文化、精神文化等知识要点全面展示给读者。点点滴滴的文化知识仿佛颗颗繁星，组成了灿烂辉煌的中国文化的天穹。

希望本书能为弘扬中华五千年优秀传统文化、增强各民族团结、构建社会主义和谐社会尽一份绵薄之力，也坚信我们的中华民族一定能够早日实现伟大复兴！

目录

一、铁腕统治者

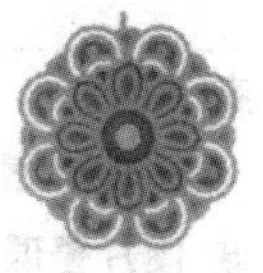

千古一帝秦始皇

秦始皇（公元前259—前210年），是秦王朝的开国皇帝，后人称他为“千古一帝”。姓嬴，名政，秦庄襄王之子，出生于赵国（今河北省邯郸市），故氏赵（先秦时期，姓氏还没有统一，男子称氏，女子称姓，所以又叫赵政）。公元前246年，嬴政13岁即位，由于年纪还小，因此朝政由太后和相国吕不韦掌管，大宦官嫪毐因为受太后的宠爱，权势很大。公元前237年（秦王政九年），嬴政在故都雍城举行了成人加冕仪式，从此正式登基亲理朝政，先后除掉吕、嫪等人，重用李斯、尉缭等人，积极筹划统一大业。公元前230年至公元前221

年，先后灭韩、赵、魏、楚、燕、齐六国，完成了统一全国的大业，建立了中国历史上第一个统一的、多民族的、专制主义中央集权制国家——秦朝，定都咸阳。秦国统一天下以后，秦王嬴政功成名就，踌躇满志。他在一次朝廷会议上得意地回顾了兼并各国的过程，认为自己的功劳胜过以前的三皇五帝，“秦王”的称号实在不足以表现自己的尊严，于是令群臣商议称号。大臣们诚惶诚恐地讨论半天，选择了三皇中最尊贵的“泰皇”为帝号，但是嬴政还是不太满意，最后，兼取三皇五帝的尊称，定帝号为“皇帝”，并宣布

西安秦始皇陵

自己是这个国家的第一个皇帝，即“始皇帝”，希望把他所开创的帝业让后世子孙代代相承，递称二世、三世皇帝以至传之无穷。秦始皇还命令玉工雕琢传国玉玺，上面刻着李斯篆书“受命于天，既寿永昌”八个大字，作为封建帝王万世一统的象征。

为了有效地管理国家，也为了替子孙万代奠定基业，秦始皇吸取了战国时期设置官职的具体经验，建立了一套相当完善的中央集权制度和政权机构：在中央设丞相、太尉、御史大夫，他们是中央机关的首脑，称为“三公”。他们权力平衡，职责

秦始皇陵兵马俑博物馆前秦始皇像

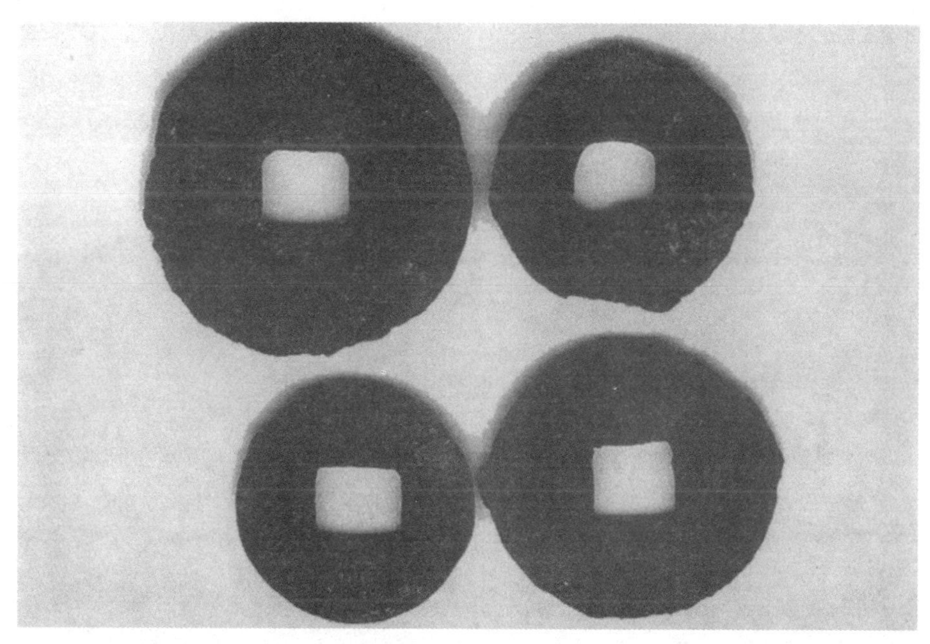

秦始皇统一了中国的货币和度量衡

分明，而且必须听命于皇帝。“三公”的下属是负责各部门具体事务的“九卿”。秦王朝建立的这套中央集权的政权机构，一直被历代王朝所仿效。其中汉代的“三公九卿”，基本上是照搬秦制。秦始皇统一六国后，采纳李斯的建议，废除分封制，改行郡县制。地方行政机构分郡、县两级。郡县主要官吏由中央任免。

秦始皇统一中国后，建立了许多前无古人的丰功伟绩，影响较大的有：统一文字；废封国，立郡县；统一货币和度量衡；车同轨，道同距；修建灵渠；修建长城；北击匈奴，夺回河套地区。

秦始皇陵一景

根据史书记载，嬴政即位的次年（公元前 247 年）就开始修陵墓。到公元前 208 年完工，历时三十九年。由于秦始皇陵的修建时间长，因此在不同的时期内，有不同的官吏来负责。从选择陵址到秦始皇执掌国政前，这段时间应该是由丞相吕不韦负责。从吕不韦被罢官直到秦始皇统一中国，这段时间由负责宫廷建筑工程的司空

秦始皇陵石碑

管理。秦始皇统一中国后，先是由丞相王绾负责，后来由丞相李斯监管。李斯死后，秦陵工程并没有彻底完工，而是由少府章邯继续监造，直到秦末农民起义军进入关中。总共征集了七十二万人力，几乎相当于古埃及修建胡夫金字塔人数的八倍。

秦始皇虽然开创了前无古人的大事业，但他作为封建统治阶级的代表，穷奢极侈，严刑峻法，无休止地残暴奴役百姓，给人民带来了极大的灾难，使人民的生活日益困苦。残暴的统治加剧了社会的动荡，在秦始皇统治的最后几年，

秦始皇陵兵马俑博物馆

已经是“山雨欲来风满楼”，小规模的反抗活动早在各处发生了，各种矛盾都在酝酿、激化，等到时机成熟，便会爆发出来。

公元前210年，刚满50岁的秦始皇在沙丘平台（今河北平乡）与世长辞了。秦二世的昏庸和残暴的统治，进一步加速了秦王朝的覆灭，在秦末农民大起义的冲击下，只存在了十五年的秦朝就灭亡了，秦始皇所梦想的万世帝业也没能延续下去。那么，秦始皇死后下葬在哪里呢？他的陵墓为什么如此神秘呢？下面，我们就随着考古的发现来进一步认识和了解这座“千古帝王”的盖世陵墓。

二、盖世黄陵

秦始皇——这位叱咤风云的旷世君主，不仅为后人留下了千秋伟业，还留有一座神秘莫测的皇家陵园。

秦始皇陵位于今陕西省西安市临潼区东约五公里的骊山北麓，它南依骊山的层峦叠嶂之中，山林葱郁；北临逶迤曲转、似银蛇横卧的渭水之滨。高大的封冢在巍巍峰峦中与骊山浑然一体，景色优美，环境独秀。陵墓规模宏大，气势雄伟，是中国历代帝王陵园中规模最大、埋藏物最丰富的一座大型帝王陵园。1961 年被国务院公布为全国重点文物保护单位；1978 年 12 月，被联合国教科文组织列入《世界文化

骊山风光

秦始皇陵石阶

遗产名录》。

陵园按照秦始皇死后依然享受荣华富贵的原则，仿照秦国都城咸阳的布局建造，大体呈回字形，总面积为56.25平方公里。陵上封土呈四方锥形，原来底面积约25万平方米，高约115米，但由于经历两千多年的风雨侵蚀和人为破坏，现在封土底面积约为12万平方米，高度为76米。陵墓周围筑有内外两重城垣，陵园内城垣周长3870米，外城垣周长6321.59米。内外城郭有高约8至10米的城墙，至今还残留遗址。陵区内目前探明的大型地面建筑有寝殿、便殿、园寺吏舍等遗址，墓葬区在南面，寝殿和便殿建筑群在北面。

在内城和外城之间，考古工作者发现了葬马坑、陶俑坑、珍禽异兽坑，以及陵外的人殉坑、马厩坑、刑徒坑和修陵人员的墓室。目前已发现的各种陪葬坑和墓葬共有五百多处。

郦道元在《水经注》中解释了秦始皇陵址选在骊山的原因

（一）秦始皇陵的选址

按照古代礼仪规定，帝王一即位，就要预先为自己修建陵墓。所以年仅 13 岁的嬴政刚刚做了秦王，便在骊山给自己修陵。

为什么要把陵址选在骊山呢？

据有关典籍记载，最早解释这个问题的是北魏时期《水经注》的作者郦道元，根据他在《水经注》中的记载，“骊山山南产玉石，山北产黄金，是一个美丽的地方。秦始皇喜欢这个美好的名字，所以把陵墓选在这里”。古人对玉非常重视，认为玉是阴阳二气中阳气的精，而黄金从古至今都是十分珍贵的金属。《水经注》的解释单从表面上看似乎具有一定的道理，然而仔细回味起来，秦始皇当年作为一个 13 岁的孩子能否辨别蓝田的黄金与美玉还是个问题。即使知道，陵墓位置的选择恐怕也不会以

秦始皇陵雕塑

国王个人的爱好和想法来决定。所以这个问题似乎应该从当时的礼制及陵墓的设计意图方面寻找答案。

首先，陵墓位置的确立与秦国前几代国君墓的位置有很大的关系。秦始皇先祖及太后的陵园葬在临潼县以西的芷阳一带，秦始皇陵园选在芷阳以东的骊山是当时的礼制所决定的，因为古代帝王陵墓往往按照生前居住时的尊卑上下排列。《礼记》《尔雅》等书记载：“南向、北向、西方为上。”东汉《论衡》一书记载得更明确：“夫西方，长者之地，尊者之位也，尊者在西，卑幼在东……夫墓，死人所藏；

田，人所饮食；宅，人所居处，三者于人，去凶宜等。”即在芷阳的宣太后也希望她的陵墓能葬在她丈夫与儿子之间，即“西望吾夫，东望吾子”，似乎也是按长辈在西、晚辈居东的原则。秦始皇先祖已确知葬在芷阳的有昭襄王、庄襄王和宣太后。既然先祖墓均葬在临潼县以西，那么作为晚辈的秦始皇只能埋在芷阳以东了。如果将陵墓定在芷阳以西，显然就违背了传统礼制。可见，秦始皇陵园选在骊山脚下完全符合晚辈居东的礼制。

其次，陵墓位置的选择也与当时“依山造陵”的古代风水迷信的观念相关。大约自春秋时代开始，各诸侯国国君相继兴

骊山风光

起了“依山造陵”的风气。许多国君墓不是背山面河，就是面对视野开阔的平原，甚至有的国君墓干脆建在山巅之上，以显示生前的崇高地位和皇权的威严。春秋时期的秦公墓也受这种观念的影响，有的“葬西山”，有的葬在陵山附近。战国时期的秦公墓依然承袭了“依山造陵”的典范，而秦始皇陵墓造在骊山也完全符合“依山造陵”的传统观念。它背靠骊山、面向渭水，而且这一带有着优美的自然环境。整个骊山唯有临潼县东至马额这一段山脉海拔较高，山势起伏，层峦叠嶂。从渭河北岸远远望去，这段山脉左右对称，似一座巨大的屏风立于秦始皇陵后，站在陵顶南望，这段山脉又呈弧形，陵位于骊山峰峦环抱之中，与整个骊山浑然一体。

秦始皇与骝山有着不解之缘

这里，还有一个神话故事说明秦始皇和骊山的关系是很密切的。骊山是一座死火山，山上有许多温泉，温泉中水流出地面的温度是43℃，水中含有许多矿物质，可以治疗皮肤病和风湿病。传说秦始皇曾在这里遇到一位漂亮的神女，

秦始皇登上了王位，陵园营建工程也随之开始了

便情不自禁调戏了她。神女大怒，往他脸上唾了一口。于是，秦始皇便生了一身恶疮，久治不愈。他只得去向神女叩头谢罪，神女便赐给他温泉洗脸，疮才好了。后来，秦始皇在骊山上修建了沐浴之处，常以温泉洗浴。

（二）秦始皇陵的建造

“秦皇扫六合，虎视何雄哉……刑徒七十万，起土骊山隈。”

这首脍炙人口的诗出自大诗人李白笔下，它讴歌了秦始皇的辉煌业绩，描述了营造骊山墓工程的浩大气势。的确，陵园工程之浩大、用工人数之多、持续时间之久都是前所未有的。

陵园工程的修建伴随着秦始皇一生的政治生涯。当他13岁刚刚登上王位时，陵园营建工程也就随之开始了。古代帝王生前造陵并不是秦始皇的首创，早在战国时期，诸侯王生前造陵之风已开始盛行。如赵肃侯“十五年起寿陵”，还有平山县中山国王的陵墓也是在其生前营造的。秦始皇只不过是把国君生前造陵的时间提前到即位初期，这是秦始皇对旧制的一种改进。陵园工程修造了三十多年，直至秦始皇临死之际尚未竣工，直到秦二世即位之后又修建了一年多才基本完工。

纵观陵园工程，前后可分为四个施

秦始皇陵兵马俑博物馆外景

工阶段：

第一阶段是初建期，从公元前247年到公元前231年。这一阶段，嬴政执掌国政时间不长，还无暇顾及修陵，因此建陵的规模不大。

第二阶段是扩充期，从公元前230年到公元前221年。这一阶段，是秦国进行大规模的统一战争时期。当时的秦国实力已经非常强大，无论军事力量还是经济实力都是很雄厚的，因而修陵工程比前一阶段有了进一步的发展扩大。最显著的标志是公元前230年秦设置了丽邑，建立专门的政府机构来负责管理秦始皇陵墓的修建

秦始皇陵

秦始皇陵入口

工程。第二阶段虽然比第一阶段所投入的劳动力多，修建的规模大，但当时秦国的主要精力还是放在更大规模的兼并战争上，因此，所用的劳动力还是有限的。

第三个阶段是全面展开时期，从公元前221年到公元前209年。秦始皇刚统一全国，就将陵墓的修建工程提升到了前所未有的阶段，规模扩大，项目增多，从全国各地征发了七十二万人来修建陵墓。像这样庞大的工人数量，在古今中外的历史上是绝无仅有的。被称为世界奇迹的古埃及王国时期的胡夫金字塔，虽然修了三十年，但参加修陵的只有十万人，比起秦始皇所用的劳动力就少得多了。这七十二万人的劳役大军主要集中在秦始皇陵内外，采用分班轮作的方式工作。公元前212年，又将修陵的一半劳动力抽走，去修建阿房宫。当安葬秦始皇时，又将阿房宫的劳动力调回，在短短的八个月内将陵墓内的填土和陵上的高大封土坟丘筑完。

第四个阶段是结束期，从公元前209年到公元前208年冬。这时，陵墓的主体工程已经完工，但还有一些附属工作没有完成。当时爆发了中国历史上第一次波澜壮阔的农民大起义，陈胜、吴广的部下周文率兵迅速打到了距陵园不足数华里的戏水附近（今临潼县新丰镇附近）。面临大军压境、威逼咸阳之势，秦二世这位未经风

秦始皇陵一景

雨磨炼的新皇帝惊慌失措，召来群臣商讨对策。他失魂落魄，向群臣发出“为之奈何”的哀求。这时少府令章邯建议：“盗已至，众强，今发近县，不及矣，骊山徒多，请赦之，授兵以击之。”秦二世当即同意，并让章邯率领修陵大军回击周文的起义军。至此，尚未完全竣工的陵园工程不得不中止。

3.神秘莫测的地宫

如果你来到秦始皇陵参观，首先映入眼帘的是那高大的坟丘，远望像一座突兀拔起的山岭。坟丘整体像一只倒扣的斗，上面布满了郁郁葱葱的树木。在坟丘的北侧有 287 级台阶，人们可以拾级

秦始皇陵兵马俑博物馆外景

秦始皇陵地宫复原图

而上，登上墓顶，极目远眺，四野风光尽收眼底。陵墓的坟丘位于陵园内的西南角，这是由于古代礼仪把西南角作为尊长之处。

高高的坟丘下面就是神秘莫测的地宫。地宫是陵墓建筑的核心部分，是放置棺椁和随葬器物的地方。考古钻探的结果表明，地宫的宫墙在距离地表2.7—4米处，南北长460米，东西宽392米，墙体高和厚都是4米，用土坯砌成。宫墙的四面有门，东边有五个门，其余三边各有一个门。门宽约12米，有斜坡形的门道，门已经用夯土填实。在四周宫墙围绕下的区域就是地宫。地宫的平面近似长方形，面积为18．032万平方米，比现存坟丘的底面积略大三分之一。

秦始皇陵地宫至今仍是一个谜

关于秦始皇陵地宫周围有宫墙围绕之事，不见于任何文献记载，为考古史上首次发现。

秦始皇地宫的建筑结构究竟怎样？里面究竟埋藏着什么？这是两千多年来人们非常感兴趣而又不易破解的秘密。这个问题不但是中国考古学家和历史学家关心研究的对象，在国际上也引起了人们极大的兴趣。1985年，英国爱丁堡市中学生智力竞赛的一道重要试题是：用文字描述或采用绘画的方式表示秦始皇陵的地宫是什么样子。获奖的作品将在爱丁堡市博物馆展出，竞赛组织者还为获奖者提供到中国西安旅行的费用。

秦始皇像

虽然秦始皇陵地宫之谜尚未揭开，但考古工作者及有关科研部门却做了大量的钻探调查工作，我们可以根据历史文献和考古资料，对秦陵地宫结构作出合理的推测。

在历史文献中，首次记载秦始皇陵地宫情况的是西汉杰出的历史学家司马迁著的《史记》。《史记·秦始皇本纪》中有一段关于秦始皇陵地宫的叙述："穿三泉，下铜而致椁，宫观百官奇器珍怪徙臧满之，令匠作机弩矢，有所穿近者辄射之。以水银为百川江河大海，机相灌输。上具天文，下具地理，以人鱼膏为烛，度不灭者久之。"

"穿三泉"是指地宫的深度。地宫的核

心部分叫做玄宫，是盛放秦始皇尸体的棺材所在处，位于地宫的最低部，地宫的深度就是从地表到玄宫的距离。“穿三泉”到底有多深呢？“三泉”就是指第三层地下水，也就是说挖掘到了第三层地下水。秦始皇陵附近的水文资料表明第一层地下水距地表为 16 米，第二层和第三层水距地表是多少，目前还不能肯定。另外，两千年多前的地下水位和今天的水位也不可能完全等同，因为地下水位还会发生变化。但从凤翔秦景公大墓来看，墓穴深度已经达到 24 米，而秦景公比秦始皇早三百多年，而且只是秦国国君，而秦始皇是一位帝王，因此，秦始皇陵的深度无疑会超过这个数字。根据秦陵地区考古调查资料，目前秦始皇陵地宫钻探已达到 6 米深，但仍然是人工夯筑的夯土层。从考古资料来看，战国时期，我国劳动人民已经掌握了能掘入地下 50 米的技术。修建始皇陵使用的是全国最优秀的工匠，采用最先进的技术，因此，开凿地宫应是完全发挥了当时最高的技术水平。我们据此可以推测秦始皇陵地宫的深度最少在 50 米以上，确切的数字，

时至今日，人们仍未能进入秦始皇陵地宫

只有在发掘秦始皇陵时才能见分晓。

如果说秦始皇陵地宫已经深至50米，那么随之就会产生一个工程技术上的问题，就是用什么方法去堵塞地下水。《史记》的记载为“下铜而致椁”，说明是采用冶铜铸堵渗水的地方。除了用铜之外，还塞以文石，又涂丹漆，丹和漆都是涂料。涂丹漆的目的是为了防潮。由此可知，秦始皇陵墓地宫地下水是先用冶铜锢其内，再填塞文石，其次涂漆，最后涂丹。

那么地宫的形状又是什么样子呢？从已发掘的春秋战国时期大型墓葬来看，墓

阿房宫遗址

咸阳宫遗址

穴都为倒置的斗形，估计秦始皇陵也可能是这个样子。据文献记载，公元前210年，即秦始皇50岁时，丞相李斯向他报告：我带了七十二万人修筑骊山（指秦始皇陵），已经挖得很深了，连火也点不着了，凿时只听到空空的声音，好像到了地底一样，再也挖不下去了。秦始皇听后，下令他再“旁行三百丈乃止”。“旁行三百丈”是什么意思呢？有人认为是向四周扩展三百丈，也有人认为是掏挖三百丈的洞室。不管怎样，如果“旁行三百丈”可信的话，那么秦始皇陵地宫底部的面积就会大得令人震惊。

“宫观百官”和“奇器珍怪”都是什么呢？宫观，是指模拟秦始皇生前主要活动的宫殿台观，如阿房宫、咸阳宫等。

百官，是指在地宫中有三公九卿及文武官员的形象，至于是用什么质料做的，现在还不知道。奇器，是指用珍贵材料制作的精美的器物。珍怪的怪一般是指兽类，珍怪可以理解为珍稀的动物。这里有两种可能，一种可能是将活的珍稀动物直接埋入地宫之中，另一种可能是用陶土或其他质料塑造的动物。

“令匠作机弩矢，有所穿近者辄射之”，是说为了防止有人盗墓，秦始皇下令工匠在门口制作了机关暗箭，盗墓的人一旦接近，就会射出箭来。机弩矢，是指用机械控制弩机发射箭。

据说秦始皇墓中灌注了大量水银，以防止后人盗掘

“以水银为百川江河大海，机相灌输”是指将水银灌入相互作用的机械中，让水银循环往返，以象征百川江河大海中水的流动。江是指长江，河是指黄河，海是指秦始皇东巡时曾经到过的东海，这无疑是一幅秦代疆域的模拟图。墓中灌入大量水银，也是为了防止后人盗掘。因为水银易于挥发，其蒸气有剧毒，如有人进入墓穴盗物，水银蒸气就会毒死盗墓者。科学工作者将地球化学中勘察汞量的测量技术应

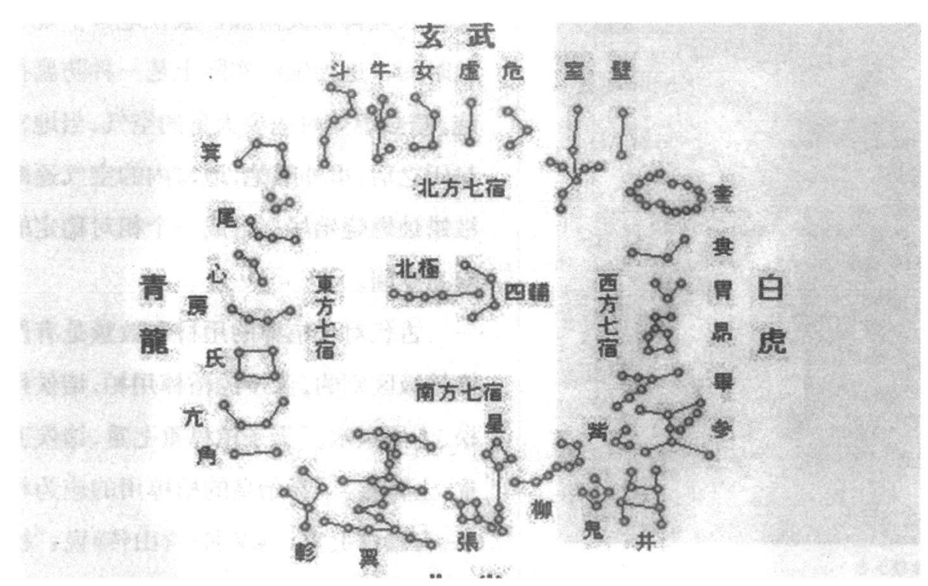

二十八星宿图

用到秦始皇陵的考古研究，结果在秦始皇陵坟丘的中心，发现一个面积约1．2万平方米范围的强汞异常区，这里土壤中的汞含量高于附近其他地方。这说明，秦始皇陵地宫注入大量水银的记载是可信的。

“上具天文”是指在玄宫的顶部模拟“天文星宿之象”，形成一幅天体图。秦代的天文知识已经达到了较高的水平，秦的都城咸阳的扩建就是按照天文星宿位置对应分布的。有的学者推测这幅天体图的形象是：正中为斗星，围绕斗星一周应有二十八星宿，还有与之相配的青龙、白虎、朱雀、玄武及扶桑、桂树、太阳、

金缕玉衣

月亮、金乌和玉兔的形象。“下具地理”是指模拟地理概貌及秦统一中国之后的行政区划，即三十六郡的位置。

“以人鱼膏为烛，度不灭者久之”是说用人鱼膏制成蜡烛，放在地宫中烧很长时间，这种做法实际上是一种防腐措施。蜡烛燃烧时需要大量的空气，当地宫封闭之后，里外隔绝，地宫内的空气逐渐被蜡烛燃烧殆尽，形成一个相对稳定的窒息空间。

古代对于棺椁的用材和数量是有严格等级区别的。天子的棺椁用柏，诸侯用松，士用杂木。“天子棺椁重七重，诸侯五重，大夫三重，士再重。”秦始皇的棺椁用的应为柏木，有棺椁七重。《汉书·贾山传》说：“被有珠玉，饰以翡翠。”是说秦始皇的尸体穿着“金缕玉衣”。所谓“金缕玉衣”就是把长方形小玉片用金丝缀成如同真人大小的衣服，给死者穿上，目的是为保护尸体使之不腐烂。从已经出土的西汉时期的“金缕玉衣”来看，它是由头部、上衣、裤筒、手套和鞋五大部分组成，穿缀的玉片多达两千多片，秦始皇玉衣的样式应该与西汉玉衣差不多。

总之，秦始皇陵的地宫是按照地下王国构想的，不但规模宏大，而且埋葬品极为丰富。随着考古工作的进一步深入，秦始皇陵地宫的神秘面纱将会被慢慢揭开，使人们得以看到它的庐山真面目。如果有一天地宫被发掘，人们就会发现地宫是一座能够反映秦代科学技术水平和灿烂文化艺术的文物宝库，那将是人类历史上无与伦比的、最为壮观的考古发现。

（四）陵墓是否被盗

秦始皇陵以其规模宏伟、厚葬空前而闻名。人们都对它是否被盗十分关心。从整个中国古代史来看，每个朝代的末年都是最混乱的时期，群雄争霸，盗匪横行，整个社会处于无政府的状态。而此时正是盗墓者掘坟挖墓的大好时机，历代王朝的陵墓几乎都是在这个时候被盗的。秦始皇陵又会遭到怎样的厄运呢？

据《汉书》和《水经注》记载，秦始皇陵于公元前206年被项羽凿毁。北魏郦道元在《水经注》中说，项羽进入咸阳之后，三十万人运了三十天还没有把陵

秦始皇陵兵马俑

墓中的东西运完。在这之后，关东盗贼又将铜棺盗走。后来又有牧羊人因为寻找丢失的羊，持火把进入墓穴，不慎失火，将陵墓彻底烧毁，据说大火持续烧了九十天都没有熄灭。据说，方圆数十里的陵区地面，也随着一些陪葬坑和陪葬墓的坍塌而下陷了好几米。这样使秦始皇陵的地面建筑荡然无存，地下埋藏也受到一定程度的破坏。这些记载都被当今考古发现所佐证，秦始皇陵发现的陪葬坑、陪葬墓几乎都遭到被盗和火焚的破坏。

经过四年的楚汉战争，刘邦打败了项羽，建立了西汉王朝。为了笼络人心，公元前195年，刘邦下令对秦始皇陵妥善保护，安排二十户人家住在秦始皇陵附近，作为

秦始皇陵墓葬坑中的战马

守陵人看管秦始皇陵。此后，历朝历代的统治者对秦代帝王陵墓，也都下令保护。宋太祖开宝三年（970 年），曾令临潼县保护和修整秦始皇陵。清朝的陕西巡抚毕沅，还曾为秦始皇陵立碑。

由于秦始皇陵随葬品丰富，必然会引起各种人物的觊觎，所以陵墓被掘、被盗的事件，仍然层出不穷。据记载，东汉末年赤眉起义军、魏晋后赵时期统治者石勒和石虎、唐朝末年黄巢起义军等都盗掘过秦始皇陵墓地宫，已出土的两乘铜车马，大概因位于秦始皇陵封土下面地宫西墓道的耳室里才没有被盗。有史料记载，秦始皇陵地宫曾遭火焚和洗劫，如果真是这样，那墓道旁的随葬品应该首先遭到破坏。

威武雄壮的排兵布阵场面，再现了整肃的秦军军容

钻探资料表明，秦始皇陵地宫四周均有4米厚的宫墙，宫墙还用砖包砌起来，并且找到了若干个通往地宫的甬道，甬道中的五花土并没有人为扰动破坏的迹象。只发现两个直径1米，深度不到9米的盗洞，但这两个盗洞均远离地宫，没有进入秦始皇陵地宫之内。此外，秦始皇陵地宫中存在大量水银的事实，更是地宫没有遭到盗掘的有力证据。因为地宫一旦被盗，水银就会顺盗洞挥发掉。由上述理由可以推断，秦始皇陵地宫可能没有被盗。随着最新科技手段的运用，地宫是否被盗掘和焚毁将被证实。

发现秦兵马俑以后，我国考古工作者对秦始皇陵进行了探察。考古工作者在地

秦始皇陵兵马俑

据传项羽曾盗毁秦始皇陵附属建筑

宫周围打了两百多个探洞，只发现了两个盗洞，一个在陵东北，一个在陵西侧，盗洞直径约 90 厘米，深达 9 米，但离陵中心还差 250 米，都没进入地宫。现在，这两个盗洞都已被深埋于地层之中，表面完全看不出来了。封土层基本完整。考古工作者还用先进的仪器探测到地下确有大量的水银和金属存在。

根据封土层未被掘动、地宫宫墙无破坏痕迹以及地宫中水银有规律分布等情况，可以得出地宫基本保存完好、未遭严重破坏和盗掘的结论。班固、郦道元所说的项羽掘墓、地宫失火之说是不可靠的。据估计，当年项羽盗毁的可能是陵园的附属建筑。

三、秦俑的发现与发掘

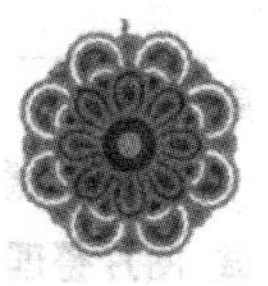

秦始皇陵兵马俑坑是秦始皇的陪葬坑

兵马俑坑是秦始皇陵园内的一组陪葬坑，它位于陕西省西安市临潼区东侧7.5公里处的骊山北麓，西距秦始皇陵1.5公里。这里原来是一片柿子林，成为周围村民的一片墓地，地上沙石堆积，非常荒凉，常常有野狼出没。谁也没有想到在这片荒凉贫瘠的地下，会埋藏着八千件兵马俑。那么兵马俑究竟是怎样发现的呢？

（一）秦兵马俑的发现

1974年3月，严重的干旱威胁着陕西省临潼县西杨村村民的生存，为了解决紧迫的用水问题，村民们就在柿子林的东端挖井。当挖到1米左右深的时候发现木炭的痕迹，挖到 2 米深时发现坚硬的红色烧制土块，这时大家有些迷惑不解，有人认为是挖到砖瓦窑上了。3 月 29 日，是一个值得纪念的日子。这天，村民们继续在井下挖土，当挖到 3 米多深时，发现了类似人躯干形状的空心的破陶器，他们再往下挖，又发现了几个残破陶制人头和很多断腿残臂的陶片。面对这些残缺的陶质躯体，人们都非常惊奇，七嘴八舌议论纷纷，有人认为可能是挖到瓦神庙了。再继续往下挖，挖到 4.5 米深时发现成束的青铜镞、铜弩机等兵器。消息传遍了村子，大家争先恐后地来看稀奇，

秦始皇陵兵马俑墓葬坑

乱七八糟的陶片被丢弃得遍地都是，也有些好奇的人把陶片拿回家去。一时间周围村庄传得沸沸扬扬，可到底挖出了什么东西，谁也说不清楚。

当时临潼县宴寨公社有一位负责水利建设的干部，叫房树民，他经常到各个村庄检查兴修水利的情况。这天他来到西杨村想了解一下打井的进展情况，得知村民们打井挖出了大量陶片，感到非常奇怪，他来到井边仔细察看，又随手从土中捡起几片陶片审视了一会儿，接着下到井底。他看到井的东壁比较光滑，井西壁的土中仍然夹杂着许多破陶片，再看看井底的条形砖，砖为青灰色，质地致密，表面布满

秦始皇陵出土的战马俑

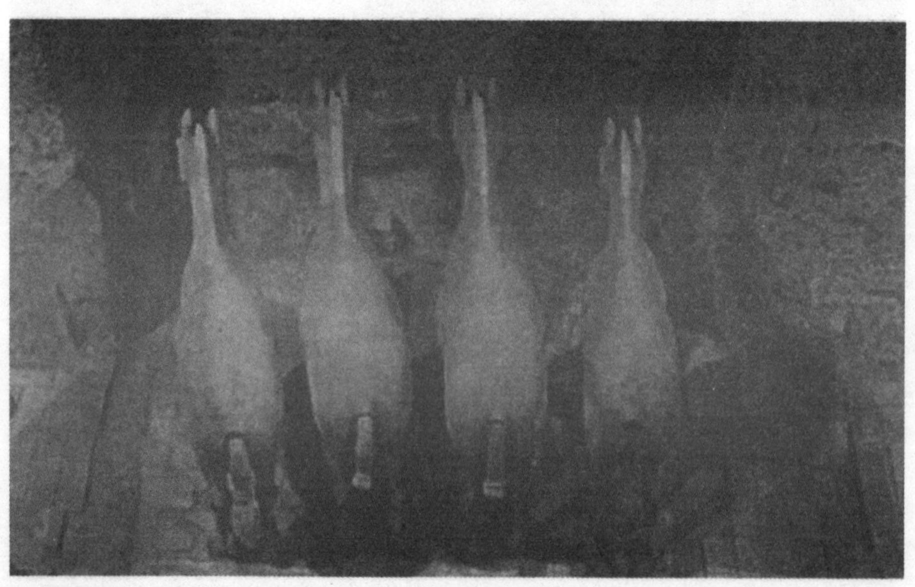

细浅纹。他心想，这砖和秦始皇陵园出土的秦砖有点相似，可是这里距离秦始皇陵 1.5 公里，怎么可能是秦砖呢？房树民从小就生活在秦始皇陵附近，他曾亲眼目睹周围的村民用秦始皇陵出土的陶水道铺牲口槽底，挖秦砖做枕头或者砌墙基，对陵园的出土文物比较熟悉。他认为这些残破的陶片很可能是文物，叫大家把工程停下来。他立即回去向上级领导作了汇报。临潼县文化馆的文物干部赵康民闻讯后急忙赶到现场进行考察，搜集了失散的文物，后来又做了局部的清理，并对已经出土的陶俑进行了修复。7 月，陕西省组成秦俑考古队进入发掘现

不少士兵俑遭到了损坏

秦始皇陵兵马俑的发现具有一定的偶然性

场，正式开始了举世瞩目的秦俑发掘。

1974年7月15日，秦俑考古队进驻工地，7月17日对秦俑坑开始正式勘查和清理。首先对已经暴露的遗迹、遗物进行记录、绘图和照相，并在原来已挖掘的部分继续清理。到7月底，坑内的建筑遗迹已经显露出来，8月1日开始扩方试掘。在试掘的同时，为了摸清俑坑的范围，从1974年8月开始钻探，到1975年6月基本上探清了俑坑的范围、形制及其内涵。它是一个东西长230米、南北宽62米的大型兵马俑坑，即一号坑。这个巨大的发现引起了国家文物局和中央领导的高度重视，决定在原地建一座大型遗址博物馆。1976年9月，修建一号兵马俑坑遗址保护大厅的基建工程正式破土动工。接着，秦俑考古队把工作的重点转移到寻找新的兵马俑坑上来。

残损的兵马俑

1976年4月21日，在一号兵马俑坑的东端北侧的一片树林内钻探时发现夯土痕迹，于是集中力量在这里钻探。4月23日，发现陶俑残片。5月初基本上探清了俑坑的范围，这是一个面积约六千平方米的大型俑坑，编号为二号兵马俑坑。根据钻探和试掘情况来看，全坑共有陶俑、陶马一千四百多件，有战车、骑兵、步兵等不同的兵种。俑的姿态多样，有跪射俑、立射俑、骑兵俑等。二号坑是兵马俑坑中的精华。

二号兵马俑坑后，秦俑考古队在周围地区继续扩大规模进行钻探。1976年5月11日，在一号俑坑的西端北侧又发现了三号兵马俑坑。三号坑面积较小，约五百二十平方米。1977 年 3 月至 12 月，对三号兵马俑坑进行了发掘，总共出土木质战车一乘（已腐朽）、陶俑和陶马 72 件、青铜兵器 34 件以及其他一些遗物。

1976 年 6 月，在一号俑坑的中部北侧还发现一个没有建成的兵马俑坑，面积约三千六百平方米，这个坑没有建成的原因可能是因为秦末农民大起义而被迫停工。一、二、三号兵马俑坑和这座未建成的四号坑应该是一个整体，是秦始皇陵的一组陪葬坑。

一、二、三号兵马俑坑呈“品”字形排列，占地面积两万多平方米，其中埋葬着陶俑、陶马约八千件，堪称丰富的文物宝库，是

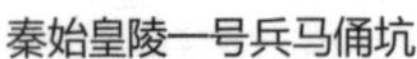
秦始皇陵一号兵马俑坑

中国考古史上的一次重大发现，不愧“世界第八大奇迹”的称号。至此，秦始皇庞大的地下军团，穿越了两千多年历史的滚滚风尘，列阵来到世人的面前。它们使每一位参观者感到深深的震撼，在恍惚间经历时空流转，仿佛回到那个旌旗飘扬、风起云涌的遥远年代。

秦始皇陵一号兵马俑坑

（二）一号坑的正式发掘

1978 年 4 月，一号兵马俑坑遗址保护大厅的主体工程竣工，5 月 8 日正式开始发掘。全坑共划分二十七个探方，每方为边长 20 米。发掘工作大体分为两个阶段：第一阶段从 1978 年 5 月到 1979 年 4 月，主要工作是除去俑坑上面覆盖的表土，到接近坑顶的棚木遗址为止，为进一步的发掘做准备。第二阶段从 1979 年 5 月到 1981 年 9 月，这一阶段的工作是集中力量清理一号俑坑东端的五个探方，面积共 2000 平方米。五个探方里共出土木质战车八乘，拉车的陶马 32 匹，各类武士俑 1087 件，青铜剑、戟、戈、矛、金钩、弩机等兵器 486 件，成束的铜镞 280 束，零散的铜镞 10895 件。另外，还有大量的

秦始皇陵一号兵马俑坑内的阵容

车马器以及大批兵器和建筑等的遗迹。

一号兵马俑坑采用边发掘、边展出的办法。1979 年 10 月 1 日，秦始皇兵马俑博物馆正式开馆，一号坑发掘现场对外开放，这种方式受到了国内外游客的欢迎，每年都吸引大量的游客前来参观。

1986 年 4 月，一号兵马俑坑进行了第二次正式发掘，又开了五个探方，面积为 2000 平方米，到 1987 年初停工，又出土陶俑、陶马近千件以及大批的车马器、兵器和各种各样的遗迹。

通过钻探、试掘和两次正式发掘，考古工作者对一号俑坑的形制、建筑结构以及陶俑、陶马排列的规律等许多问题已经基本清楚，估计一号坑内约有战车五十多乘、陶俑陶马约六千件，是以步兵为主、战车与步兵相间排列的大型军阵。

一号俑坑的形制：一号兵马俑坑呈东西向的长方形，东西长 230 米，南北宽 62 米，距离现在的地表深 4.5—6.5 米，面积为 14260 平方米。俑坑的东、西两端各有一条南北向的长廊，在两端的长廊之间有十条东西向的夯土隔梁，把俑坑分隔成十一个

东西向的过洞，每个过洞长约一百八十米。俑坑的四边各有五个斜坡形的门道，南、北两侧的门道长 12 米，东边的门道长 15 米；西边的五个门道形制比较复杂，中门道和南、北两侧的门道都分为前后两段，前段呈斜坡形，长 19.8 米，后段为 10 米长的甬道。甬道的东口与俑坑西端的长廊相接，俑坑西边的另外两个门道为斜坡形，没有甬道，斜坡道西口已经遭到破坏。我们可以看到，一号兵马俑坑建筑的平面布局比较简单、规整，它是由东、西两端的长廊、十一条东西向的过洞以及四周的二十个门道组成。这种布局是根据军阵编列的需要设计的：东端的长廊内置有作为军阵前锋的步兵俑；西端长廊内放置作为军阵后卫的步兵俑；南北两侧的过洞里置有作为军阵翼卫的步兵俑；中间的九个过洞内是战车与步兵相间排列的军阵的主体。俑坑坐西向东，除了后卫及两侧翼卫的步兵俑之外，其余兵马俑都是面向东方。

秦始皇陵二号兵马俑坑

（三）二号坑的正式发掘

二号兵马俑坑在 1977 年试掘之后进行了回填。1993 年底，二号俑坑遗址保护大厅的基建工程全部竣工。1994 年 3 月 1 日考古工作者对二号坑开始进行正式发掘。二号俑坑共划分边长为 20 米的探方 24 个，每个探方又以十字隔梁分隔成四个小区，以便控制地层和遗迹、遗物的分布情况。发掘工作分为三个阶段：第一阶段清理俑坑上部覆盖的土层，把坑顶的棚木遗迹全部揭示出来；第二阶段清理原来的试掘方和二号坑的北半部；第三阶段清理二号坑的南半部。对出土的各种遗迹、遗物都注意尽量保持原样，这样可以使人们获得更多的古文化信息。

跪射俑

1997 年底，第一阶段的发掘任务基本结束，二号坑的边墙、隔墙、门道、封门木以及面积达五千多平方米的棚木遗迹全部被揭示出来。棚木跌宕起伏，像一幅蕴含着历史沧桑的宏伟画卷。俑坑内遗留了修筑俑坑工人的足印、鞋印、工具痕迹；门道上遗留有工人向坑内运送东西时留下的车辙的痕迹；另外，还有工人烤火的痕迹以及暴雨冲刷的水流迹象，说明二号俑坑的修建曾经历寒暑的考验。

从 1998 年 3 月开始，二号俑坑的发

秦始皇陵二号兵马俑坑

掘进入第二阶段，已经出土陶俑、陶马约四百件，有车兵、骑兵和跪射、立射的弩兵，尤其难能可贵的是出土了一批颜色保护基本完整的彩色俑，使人们看到兵马俑绚丽多彩的原始面貌。

二号俑坑也是采取边发掘、边开放的方式。人们在这里既可以看到陶俑、陶马及各种遗迹、遗物出土的原貌，又可以看到考古工作者是如何进行发掘和文物保护的。

二号兵马俑坑位于一号俑坑的东端北侧，两坑相距 20 米。二号俑坑的形制比较复杂，平面呈曲尺形。俑坑的东边有四个

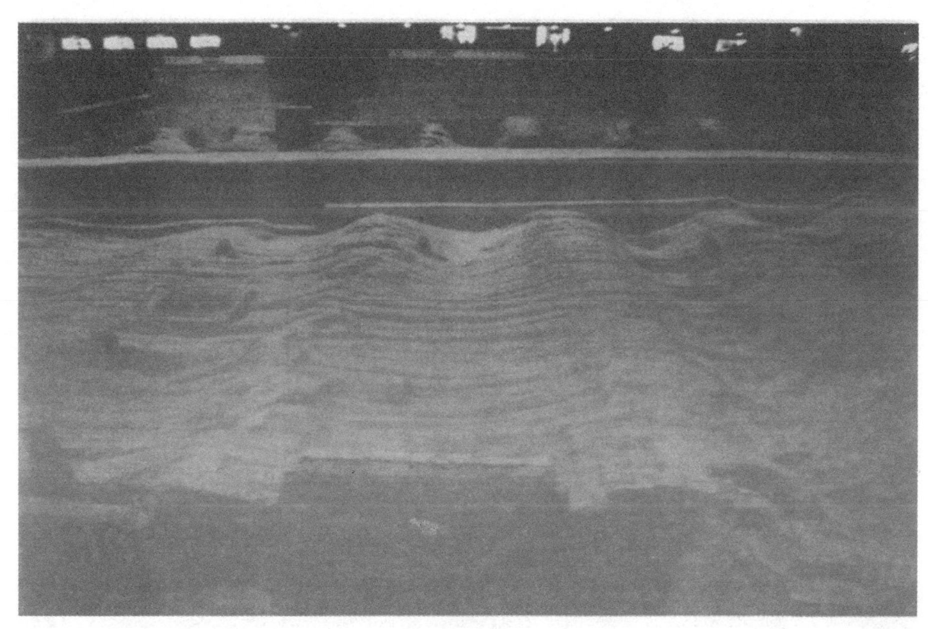

秦始皇陵二号兵马俑坑

门道，西边有五个门道，北边有两个门道，门道均呈斜坡形。二号坑东西长 124 米（包括门道），南北宽 98 米（包括门道），距离地表深约五米，面积约六千平方米。二号俑坑的平面结构，大体可以分为四个单元：

第一单元，位于二号坑的东端，即曲尺形的端部。东西长 26.6 米，南北宽 38 米，面积为 1010.8 平方米（不包括门道）。它四面环有长廊，中部有四条东西向的过洞，过洞与过洞之间以夯土相隔。四周长廊内放置立射步兵俑，中间的四个过洞放置跪射步兵俑，俑都面朝东方。

秦始皇陵兵马俑

第二单元，位于二号坑的右侧，东西长 52 米，南北宽 49 米，面积为 2548 平方米。它的东西两端各有一条南北向的长廊，两端长廊之间有八条东西向的过洞，过洞与过洞之间以夯土墙相隔。长廊内没有放置陶俑、陶马，每个过洞内置有前后依次排列的八乘战车。

第三单元，位于二号坑的中部。它的东端和一单元西端的长廊相邻，二者间以夯土墙相间，墙上开辟了小门可以相通。它的左右两边和二、四单元相邻。这部分东西长 68 米（不包括门道），南北宽 16 米，面积为 1088 平方米。有三条东西向的过洞，过洞与过洞之间以夯土墙间隔，西端有一条南北向长廊。长廊内没有放置陶俑、陶马，过洞内放置着19乘驷马战车，每乘车后都有若干步兵俑，最后以骑兵俑作为殿军。

第四单元，位于二号坑的左半部。它的东端和一单元西端的长廊相邻，二者间以夯土墙相隔，隔墙上开辟了小门可以相通。这部分东西长50米，南北宽20米（长、宽都不包括门道），面积1000平方米。有三条东西向的过洞，过洞与过洞之间以夯土墙相隔，西端有一条南北向长廊。长廊内没有放置陶俑、陶马，过洞内有骑兵俑排列的长方形军阵。

这些陶马都是以宫廷的真马为原型塑造的

这四个单元相对独立，可以自成体系，又彼此密切相连，形成多兵种混合编列的曲尺形军阵，坐西向东，陶俑、陶马都面朝东方。

（四）三号坑的正式发掘

1977 年，考古工作者曾经对三号兵马俑坑进行过发掘，仅仅把陶俑、陶马上部的覆盖土揭去，并没有向下做更细致的清理，然后就进行了回填。1988 年 9 月底，三号俑坑遗址保护大厅建成，12 月 19 日开始正式发掘。考古工作者先清除了回填土，接着进行细部清理，并提取部分文物进行修复。1989 年 9 月 27 日，清理工作基本结束，

陶俑装束、神态各不相同，栩栩如生

并正式对外展出。

三号兵马俑坑位于一号坑的西端北侧，两坑相距25米。三号坑的建筑形制比较特殊，平面呈“凹”字形，东边有一条斜坡门道。东西长28.8米（含门道长），南北宽24.57米，面积约五百二十平方米，距离现在地表5.2—5.4米。它的平面布局分为南、中、北三区，三区连接成一体，坐西向东。

骑兵俑

中区，位于三号坑的中部，东边和门道西口相接，交接处以一排立木封堵，左右两侧和南、北区相连。平面近似方形，东西长5.8米，南北宽3.9米。中区有战车一乘，车前驾有四匹陶马，车上有陶俑四件，陶俑、陶马面向东排列。

南区，平面呈“土”字形，由长廊、甬道、前厅、后室四部分组成。长廊呈南北向的长方形，长7.65米，宽3.2米，内有陶俑八件，贴东、西两壁呈夹道式排列。长廊的西侧中部和甬道相连。甬道东西长4米，南北宽3.7米，内有武士俑六件，分别作南、北面相向夹道式排列。甬道的西口和前厅相接。前厅呈南北向的长方形，长 5.8 米，宽 3.2 米，内有武士俑 24 件，分别作南、北面相向排列。前厅的西侧中部和后室相连。后室呈东西向的长方形，长 3.7 米，宽 1.6 米，内有武士俑四件，分别作南、北面相向排列。

北区，平面呈“T”字形，由长廊和大厅两部分组成。长廊呈南北向的长方形，长 6.3 米，宽 2.4 米，里面没有放置陶俑。长廊的西侧中部和大厅的东口相连。大厅呈东西向的长方形，长 8 米，宽 4 米，内有武士俑 22 件，分别作南、北面相向夹道式排列。

步兵俑

在北区的长廊和大厅的交接处、中区

秦代战车

和南区长廊部分的交接处、南区的前厅和后室的交接处，考古工作者发现这些地方都有门楣的痕迹。后两处的门楣木上各有四件带柄铜环，用来悬挂幕帘，这说明了原来各区与各区的厅室之间是用幕帘相隔的。中区和门道之间用封门木相隔。

（五）俑坑出土的战车、步兵俑、骑兵俑和兵器

一、二、三号兵马俑坑埋藏有大量的战车、步兵和骑兵俑，根据已经发掘和试掘资料推断，三个俑坑内总共约有战车一百四十多乘、驾车的陶马五百六十多匹、骑兵的鞍马一百一十六匹、各类

武士俑七千多件。以前由于资料的不足，人们对秦国的战车、步兵和骑兵的具体形象、武器的配备、军队的编制、军阵的编列等许多问题没有办法了解透彻，而兵马俑坑的发现，为人们提供了丰富的实物例证，是研究秦国军事史的珍贵资料。

御手俑

1. 战车

秦国是战国时著名的军事强国，拥有上千辆战车，数百万匹战马，百余万的步兵。秦始皇就是凭借这支强大的武装力量，以秋风扫落叶之势兼并了六国，完成了统一中国的伟业。在秦代的军队中，战车是主要的军事装备。根据已知资料推断，一号兵马俑坑内有战车五十多乘，二号兵马俑坑内有战车八十九乘，三号兵马俑坑内有战车一乘，共计一百四十多乘。目前，一号俑坑已发掘出土战车二十二乘，二号俑坑已出土战车十一乘，三号俑坑出土战车一乘，从已经出土的战车痕迹来看，我们仿佛看到了古代战场上秦国军队中奔驰如飞、卷起漫天尘土的隆隆战车……

俑坑出土的战车，可以分为四种：一

是一般战士乘的战车，二是高级军吏乘的指挥车，三是两人乘的佐车，四是四人乘的驷乘车。这些车都是单辕车，由四匹马系驾。车的主要结构分为乘载的车箱，转动致远的轮轴和赖以牵引的辕、衡三大部分。俑坑中出土的战车一般为双轮、单辕。辕端有一横木称为横，与辕十字相交用革带捆绑在一起；横上系有两个“人”字形用具，称为轭；车前驾有四匹马，中间的两匹马称为服马，服马两侧分别为左骖马和右骖马。古代称驾驭马车的人为御手，一般供乘坐的马车上的御手都是坐在车上驾驭，而战车上的御手则是站在车上驾驭的。俑坑出土的御手俑都是立姿，双臂前举，双手半握拳控驭马缰绳，这样比坐着驾驭

战马恢恢

行动要灵活方便得多，控驭也更得力。

御手俑

古代战车可以分为攻击型和防守型两类。攻击型战车有戎车、轻车和阙车。戎车是将领乘的指挥车；轻车是战士乘的驰骋攻击的战车；阙车是后备车，车阵中如果有车损坏就补缺。苹车是防守型战车，军队宿营时用作军队周围的屏障。俑坑出土的战车，都属于攻击型的轻车类。一般战士乘的战车上有三人，御手居中，左武士和右武士分别立于御手的两侧。御手身穿长衣，外披铠甲，臂部有长及腕部的臂甲，手上有护手甲，腿裹护腿，颈上围有颈甲，头戴长冠，双臂前举呈牵拉马缰状。左武士左手持矛、戈、戟等长兵器，右手呈按车状。右武士姿态与左武士相反。武士都做整装待发的姿态，仿佛只要一声令下，立刻腾跃登车，驰骋疆场。一辆战车是车战中的一个最小单位，从战车武士俑的装束来看，左、右武士都不戴冠，只有御手俑戴长冠，而且御手俑身上的铠甲覆盖部位多，甲片细密、精致，因此御手俑的地位高于左、右武士，应该是车长。

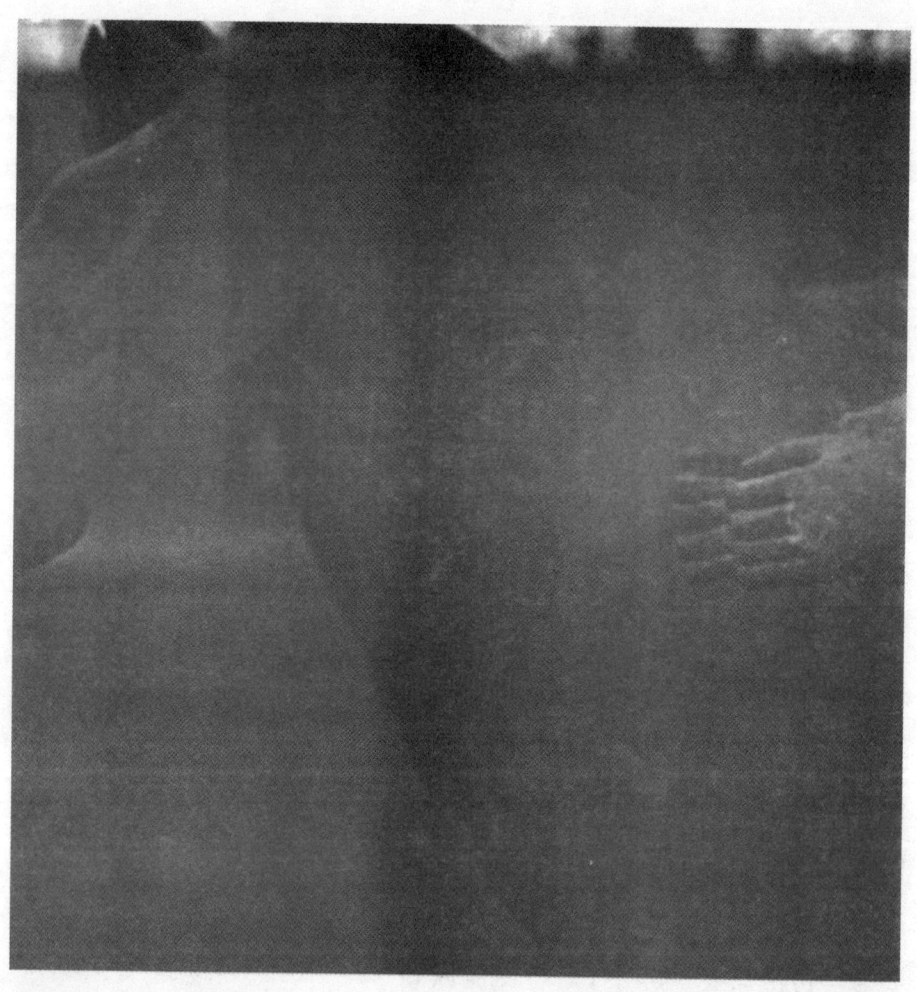

御手俑双臂前举，半握拳驾驭战马

古代主帅乘的车是指挥车。秦俑坑出土的指挥车，装饰华丽，有精细的彩绘花纹，有的车上有伞盖。在指挥车上，将帅掌握锣鼓（古代作战靠锣鼓铃旗指挥），击鼓则进攻，鸣锣则后退，铃用来传达命令，摇旗则左右进退。御手的责任重大，驾驭的好坏关系到将帅的生命及全军的胜负，当

秦始皇陵俑坑中的战车

主帅受伤时可代掌锣鼓，因此，御手要经过严格的选择和训练，直到技艺成熟才能胜任。指挥车上武士的职责，主要是与敌人格斗，保护将帅的安全。

驷乘车是四个人乘的战车，在秦俑坑中仅仅出土了两辆。这种车是从指挥车演变来的，增加了一名武士，主要是增强战斗力。驷乘车是为掩护主帅而临时出现的，由于古代战车车厢短，增加一人会影响车速，也不利于武士操戈，所以四人共车制不适合用作一般战士乘的战车，它只是在非常情况下具有特殊作用。秦俑坑有两辆驷乘车，二号坑的驷乘车位于车阵右前角，三号坑是一、二号俑坑军阵的指挥部，里面有一辆驷乘车，可见这辆车居于重要的地位，可能有特殊的作用。

身着盔甲的步兵俑

步兵俑阵容

二号兵马俑坑左侧的骑兵阵地前有战车两列，共六辆，每辆车上有御手和武士俑各一个，这种车叫佐车，又称副车，是骑兵阵中军吏的后备车。骑兵的军吏主要乘马，车作为备用，这种车又可以作为骑兵阵中的机动车使用。

秦俑坑战车上的武器装备，已发现的有矛、殳、钺、剑等青铜兵器和铜箭头，但不是集中出土，而是分散在各个战车上。其中以铜箭头的数量最多，各辆战车附近都有发现，因此可以肯定每辆战车上都配有弓弩。此外，在俑坑出土的战车附近，往往伴有修车用的工具，如铜凿、铁锤等。

2. 步兵俑

步兵，指徒步的士兵，是军队的主体。步兵在春秋时期称为徒、徒兵或徒卒，战国时期称为卒、武卒、武士、锐士、奋击、带甲等。“步兵”一词正式出现于战国晚期，最早的记载是在《六韬·战步》中的“步兵与车骑战奈何”一句。在秦始皇陵一、二、三号兵马俑坑内都发现了独立编制的步兵俑，目前一号兵马俑坑已出土步兵俑一千七百多件，二号俑坑内出土步兵俑一百六十多件，三号俑坑内出土步兵俑六十四件，共计一千九百多件。一、二号俑坑内的步兵俑呈军阵式排列，属于正规

将军俑

的作战士兵；三号俑坑是指挥部，所以坑内步兵俑不呈军阵式排列，而是呈夹道式站立，是担任警卫的士兵。

根据秦俑坑已出土的步兵俑的情况，我们可以知道，步兵俑按其职位的高低可分为军吏俑和一般步兵俑两大类。军吏俑中有高、中、低之分；一般步兵俑又分轻装步兵俑和重装步兵俑两种。

军吏俑中有高、中、低之分，区分的主要标志是铠甲和冠饰不同。高级军吏俑，俗称将军俑，目前仅发现一件，出土于二号俑坑东北角弩兵方阵的左后方。其身穿双重长襦，外披彩色鱼鳞甲，双肩及前后胸甲上缀有彩色花朵，头戴鹖冠，双手交垂于腹前呈拄剑状，昂首挺胸，气宇轩昂。中级军吏俑是高级军吏俑的副手，已出土六件，腰际佩剑，头戴双板长冠。下级军吏俑已出土三十三件，头戴单板长冠，甲衣与一般战士的相似。

轻装步兵俑，已出土四百三十三件，这种俑不戴头盔，不穿铠甲，装束轻便，行动敏捷，是秦国轻便步兵的真实写照。有的轻装步兵俑护腿的质地厚重，好像

铠甲步兵俑

秦始皇陵步兵俑

夹有棉絮，可能是古代的“絮衣”，是极其简单的腿部防护装备。

重装步兵俑，又称铠甲步兵俑，数量最多，已出土一千三百多件，根据头上装束的不同可分为圆髻铠甲俑、扁髻铠甲俑和介帻铠甲俑三种类型：圆髻铠甲俑的数量最多，头上一律绾着圆丘形发髻，有立姿和蹲跪式两种。扁髻铠甲俑头饰比较特别，把头发全部编成六股宽辫，反折叠贴于脑后，并用发卡固定，横插发笄，梳这种扁髻的目的可能与头上准备戴盔有关，这类俑都呈直立姿。介帻铠甲俑头顶的右侧绾圆形发髻，上罩尖顶的圆椎形软帽，古代称“介帻”。帻多是红色，质地轻软，上部有一尖顶，下部齐及发际，把头发和发髻全部罩于帻内。这类俑都呈直立姿，双臂下垂，手腕微向前弯曲，双手半握拳做持兵器状。

绝大多数步兵俑都是以站立姿势塑造的

战国时期，重装步兵是步兵的主要作战力量，而轻装步兵的兵员较少。秦俑坑出土的实际情况真实地反映了这个史实，重装步兵俑数量最多，轻装步兵俑数量较少。战国时期由于武器的进步，不但青铜器的制作工艺有了显著的改进，而且有了锐利的铁兵器，还有了远射的弩。在强大的进攻性武器面前，没有一定的防护装备的步兵必然会损失惨重。重装步兵不如轻装步兵行动轻便，为了更有效地打击敌人，轻装步兵也是不可缺少的。从步兵俑在军阵中的位置来看，轻装步兵俑位于前锋，重装步兵俑为军阵的主体。这种排列反映了两者在战争中的地位和作用的不同，作为前锋部队的轻装步兵，要强壮勇猛、灵活机敏，迅速插进敌军阵列，后续的重装步兵接着猛扑上去，扩大战果，重创敌人。轻装和重装步兵相辅相承，协同作战。

秦俑坑出土的步兵俑，由于是静止

步兵俑左腿蹲屈，右膝着地，双目炯炯凝视前方

的雕塑品，不可能把步兵的战术动作都表现出来，而只是表现了某一部分动作的一个侧面，目前已发现的动作有：

（1）立姿

绝大多数的步兵俑都是立姿，站立的姿势是双脚略微左右分开，昂首挺胸，双目前视，巍然屹立。根据各自所持的兵器不同，手势也不同。持弓弩者，双臂自然下垂，右手半握拳，拳心向前，拇指翘起，呈提弓状。手持戈、矛、戟等兵器的立姿步兵俑，左臂自然下垂，右臂前曲成 90°角，半握拳，拳心向上。一号俑坑内曾发现两个步兵俑的腰带钩，为步兵持矛击刺状，步卒左脚向前跨出，左腿前拱，右腿后绷，双手一前一后紧握矛柄，屏气注目，奋力前刺。矛的前端是一个张口睁目的人头，被矛刺中，寓意奋勇杀敌，形象生动地表现了持矛击刺的单兵技击动作。

（2）立射

做立射动作的步兵俑都是轻装步兵俑，左脚左前斜半步，双脚略呈“丁”字形，左腿微拱，右腿后绷；左臂向左侧半举，四指并拢，掌心向下；右掌放在胸前，掌心向内；头和身体略向左侧转，昂首凝视左前方。这种立姿应该是弩兵持弩发射的动作。

（3）坐姿

二号俑坑的步兵方阵中，有坐姿的重装步兵俑 160 个，位于方阵的中心。其姿态是左腿蹲曲，右膝着地，右脚竖起脚尖抵地，臀坐在右脚跟上，上身微向左侧转，双目炯炯，凝视左前方。这类俑像是持弓的坐姿步兵俑。坐是弓、弩射击的一种重要姿势，也是步兵的一个重要的单兵动作。坐姿重心稳，用力省，便于瞄准，容易击中目标。同时坐姿比立姿射击目标小，不容易被对方的箭射中，是防守或设伏时比较理想的一种射击姿势。秦俑坑出土的立姿、立射和坐姿等不同姿

骑兵马具有笼头、衔镳、缰绳和鞍鞯

马俑

势的步兵俑，是生动的古代步兵战术动作图谱，是研究中国古代步兵史的珍贵资料。

3. 骑兵俑

骑兵作为一个兵种出现在中国古代的军队中，大约开始于春秋战国之际。在二号兵马俑坑内发现了一批骑兵俑群，根据已出土的情况推算，二号俑坑内有陶质鞍马116匹，每匹马前立有牵马的骑士俑一件。马的大小和真马相似，身长约2米，高1.72米。马背上雕有鞍鞯，头上戴着笼头、衔、缰。骑士俑身高1.8米左右，一手拉马缰，一手呈持弓弩状。俑和马的造型逼真，一列列排成整齐的长方队形，威武雄壮，把秦始皇时代骑兵的真实形象，生动地展现在人

骑兵俑

们的面前。同时，这也是中国考古史上发现的数量较多、时代较早的骑兵俑群，对于研究中国的骑兵发展史和秦代的军事史具有重要的史料价值。

二号俑坑出土的骑兵马具有笼头、衔镳、缰绳和鞍鞯。笼头是控马用具，笼头上连接着铜衔、铜镳，都是乘马必备的控马装备。马缰绳有两根，各长约一米，一端分别和马口两侧的衔环相连，另一端握在骑士手中。骑士牵拉马缰绳，连动马口的衔镳，这样，骑士就可以自如地驾驭马了。

马背上雕塑着两端略微隆起，中部下凹的鞍垫。鞍面为白色，上面缀有八

马俑

形态各异的兵马俑

排粉红色的鞍钉。鞍的两侧和前后端缀有叶形和条带形的彩带。鞍上有类似皮质的扣带环绕马腹，把鞍紧紧地固定在马背上。

俑坑的骑兵马，身涂枣红色，黑鬃，白蹄，剪鬃辫尾。从马的体形来看，陶马的个头不大，头部较重但无粗相，鼻骨隆突，颈厚稍短，脊背略下凹，胸部较宽，四肢发育较好，属于力量和速度兼备的类型，也是骑乘的良马。这些陶马是以宫廷厩苑的真马作为原型塑造的。

二号俑坑出土的骑兵俑，上身穿窄袖、长到膝盖的上衣，外披铠甲，且铠甲较短，腰束革带，下身穿紧口长裤，脚穿靴子，头戴圆形小帽，帽上有带扣结于颌下，这样，骑在马上疾驰时就不会被风吹落。骑兵突出的特点就是轻便、快速，所以装备比较轻。骑兵俑附近还出土了弓和铜箭头，没有见到戈、矛、戟等长兵器。

二号俑坑左侧有战车六辆，骑兵的陶马一百零八匹，每匹马前有骑士俑一个，排成一个纵长方形的军阵，纵看是三路纵队，横看是十一列横队。这个长方形骑兵军阵，可分为前后两线：前线是两列战车加一列骑兵作阵首；后线是八列骑兵作为军阵的主体。这种编组方法，反映了秦始皇时代骑兵虽然成为独立的兵种，但在战争中战车仍然居首要地位。

骑兵俑的编组是，四骑一组，构成骑兵最基层的战斗单位，三组一列（12骑），八列（96骑）组成一个纵队，成为骑兵阵的阵体，这种编组是以四为基数

秦始皇陵出土的兵器

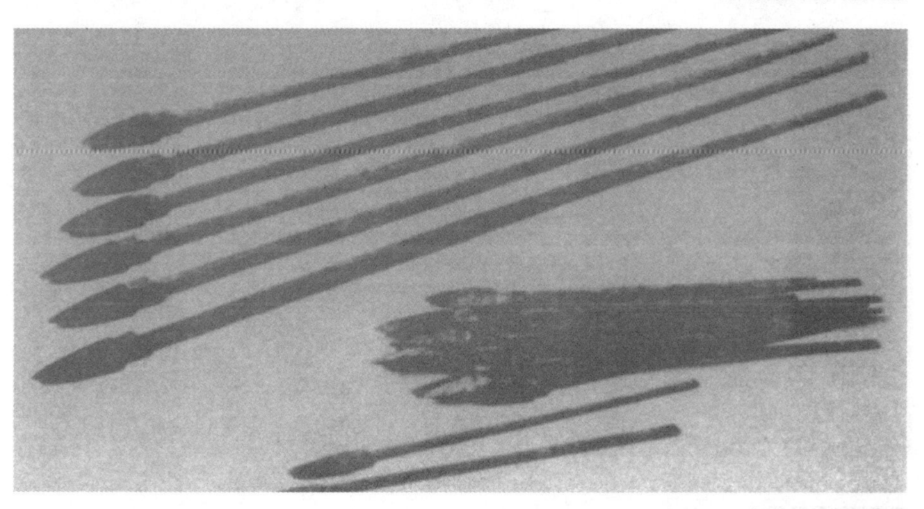

的。二号俑坑的军阵，是由四个小方阵组合而成的，骑兵阵仅仅是这个军阵中的左翼。这种编列反映了骑兵在当时战争中的地位和作用，就是配合战车和步兵作战。《孙膑兵法》指出，两军交战时，要根据地形的险易而部署兵力。平原辽阔，适合用车；地形险峻或长途奔袭，则用骑；两军对峙，则用弩。三者结合，灵活运用，才能百战不殆。二号俑坑军阵的布局，基本上体现了这个原则。

4. 兵器

看过中国旧小说和古典戏曲的人，一定会对书和戏里面武将所持的各式各样的兵器印象很深，于是人们就把古代兵器统

秦始皇陵出土的兵器

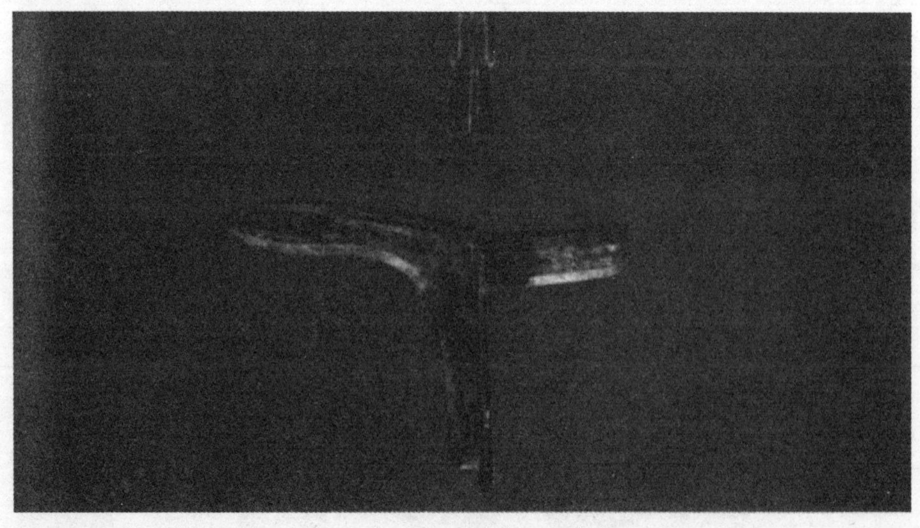

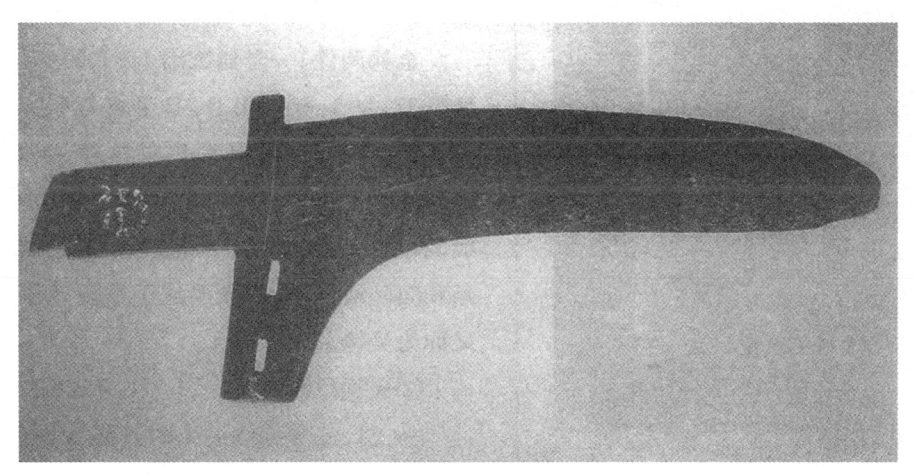

青铜兵器

称为“十八般武器”。这“十八般武器”通常指刀、枪、剑、戟、斧、钺、钩、叉、鞭、锏、锤、耙、镋、槊、棍、棒、戈、矛。其实，古代的兵器远不止这些。据传说，兵器最早是由远古时代一个部落首领蚩尤发明的，当时有五种，即戟、戈、殳、酋矛、夷矛。从考古资料来看，古代的兵器是从古代的生产工具演变而来的。远古时人类用石器掷击野兽，用石刀割兽皮和肉,后来又发明了弓箭。最早的弓箭，是在山西朔县峙峪村旧石器时代遗址中发现的,距今已有2.8万年,用的是石箭头。随着人类社会的不断发展，兵器的种类逐渐增加，到秦代时已有十多种了。

一、二、三号俑坑内已出土了大批

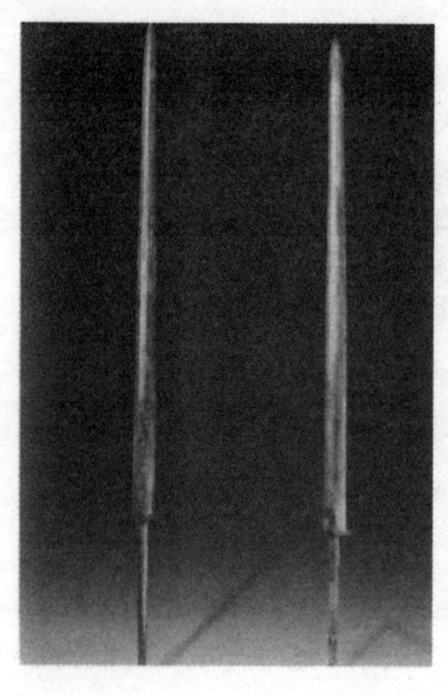
秦剑

的青铜兵器，约有四万件，其中绝大部分是青铜镞，另外还有剑、戈、矛、戟、铍、殳、钺、弓、弩等。铁兵器十分罕见，只出土铁矛一件、铁镞二件、铁铤铜镞四件。有的铜兵器上刻有铭文，这为研究秦代兵器提供了珍贵的实物资料。

兵马俑坑出土的兵器大致可以分为三类：短兵器、长柄兵器和远射兵器。

(1)短兵器

短兵器有剑和金钩两种，都是青铜质地。剑已经出土 24 件，其中残剑五件，剑身修长，长短不一，最长的约 95 厘米，最短的 81 厘米。剑的制作工艺很规整，刃锋锐利。有的剑出土时仍然套在剑鞘内，鞘已腐朽。从遗留的痕迹来看，鞘是木质，外面包裹着麻布，用丝线缠扎，刷黑褐色漆。秦俑坑出土的青铜剑的特点是剑身狭长，剑尖锐利，穿刺力较强。

金钩两件，一号俑坑出土。它的形状像弯刀，分身、柄两部分。身呈弯月形，齐头，双面都有刀刃，断面呈枣核形；柄为椭圆柱体。这种铜兵器是考古史上的首次发现，它长约 65 厘米，适用于向里钩杀

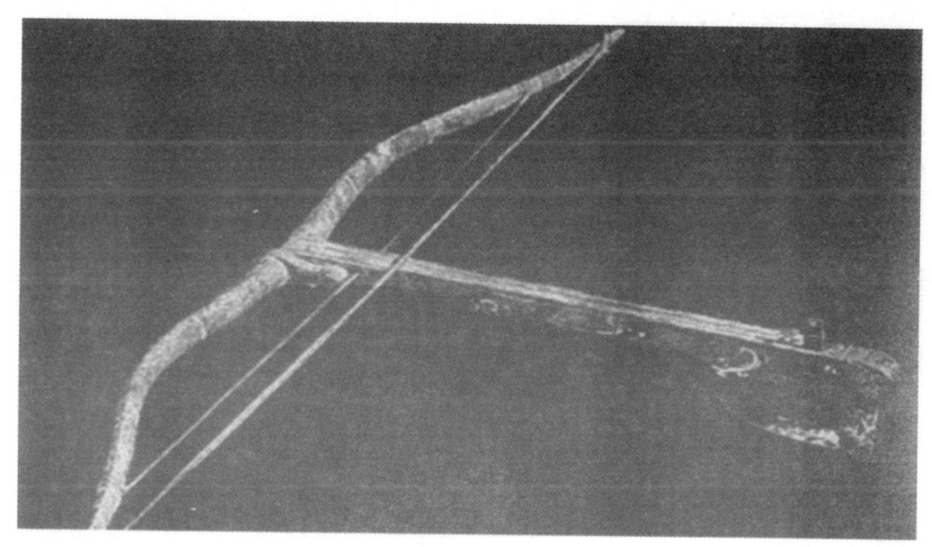

弩弓

和向外格杀。金钩最早造于吴国，所以又称为吴钩。

(2)长柄兵器

一、二、三号俑坑出土的长柄兵器有矛、戈、戟、铍、殳、钺六种。除了一件铁矛外，其他都是铜兵器。矛是长兵器中常见的刺杀兵器。戈是头部弯曲、带柄的长兵器，适用于左右格杀和钩杀。戟是矛头和戈头合起来，安上一个长柄，既可刺又可钩，一号坑出土了四件，长约2.9米。铍的头部像短剑一样，装着长柄，长三米多，是一种比矛杀伤力更强的兵器，在一号兵马俑坑出土了16件。殳和钺实际上是礼仪兵器，都是权威的象征。

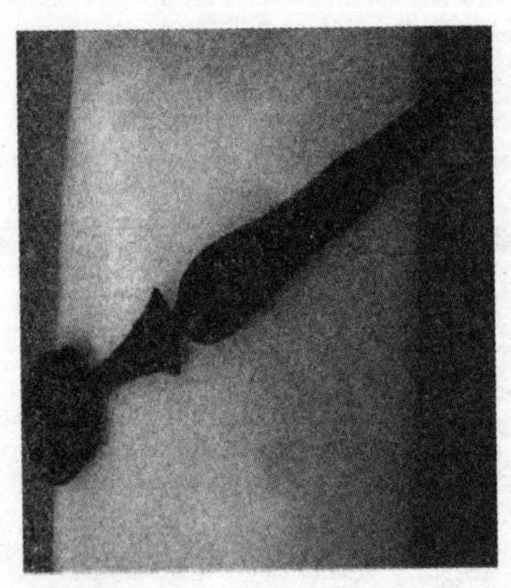
青铜弩机

殳是一种圆头、尖端为三棱锥的兵器，既可敲打，又可直刺，在一号俑坑出土一件，三号俑坑出土 30 件。钺在秦俑坑中只发现了一件，它像一把宽扁的斧子，装有长柄，是军中权威的象征。古代选将，要在太庙举行仪式，给主将授钺，主将执钺受命，意味着掌握了诛杀大权。

（3）远射程兵器

兵马俑坑出土的远射程兵器主要是弩，仅一号兵马俑坑东端的五个探方内，就发现弩的遗迹 130 多处，铜弩机 158 件，成束的箭 280 箙，零星的铜镞一万多支。

秦俑坑出土的弩由弓、弩臂和铜弩机三大部件组成。弓为木质，长 130—144 厘米，弓用皮条缠扎，表面涂褐色漆。弓弦长 108—124 厘米，弓置于弩臂前端的含口内。弩臂为木质，长 70—76 厘米，宽 4—5 厘米，弩臂的前端距离含口 6—11.5 厘米处的左右两侧各有一个长方形木耳，用两根线绳前端缚弓，后端分别系结于左右耳上，使弓固定在弩臂的含口内。弩臂的后端有用竹片做的关，关后有长方橛状的木托，并装有铜弩机件。弩臂的上部为平面，中间有承箭的凹槽，弩臂的下部呈圆弧形，左右两侧的中部成内凹的弧形，这样便于握持。弩臂通体涂褐色漆。

秦俑坑出土的兵器，都是在秦始皇时代制作的，是迄今为止的中国考古发现中，出土数量最多的兵器，它反映了秦代军队各种兵器的配置，使我们能直观地了解古代军队中武器装备的情况，有极大的研究价值和观赏价值。

（六）兵马俑军阵的编列

中国古代作战非常讲究阵法。所谓阵法，就是军队队形的编组。春秋时期以前主要是车战，阵法比较简单；到了战国以至秦代，作战时除了战车外，还有步兵和骑兵，阵法的编组和运用就比较复杂了。《孙膑兵法》总结了战国时期

兵马俑坑阵容

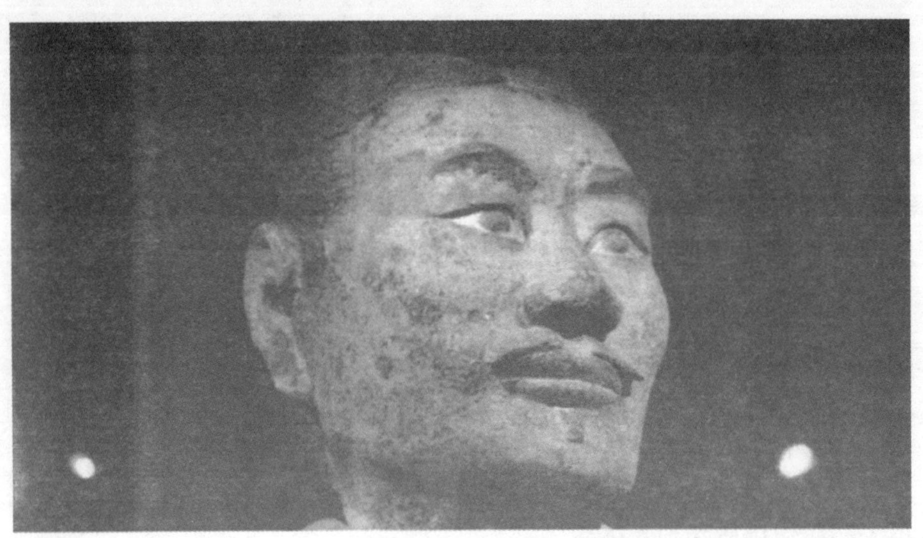

军吏俑

战斗队形编列的经验，指出阵形有圆、方、疏、锥形、雁行、钩行等，还有火阵和水阵，并进一步论述了这些阵法的特点和作用，以及一些布阵的原则。由于时代久远，又没有图谱遗留下来，因此我们对这些阵法的具体编列已经无法理解。秦始皇陵一、二、三号兵马俑坑内共有陶俑、陶马约八千件，包括战车、骑兵和步兵。队伍严整，排列有序，车、步、骑三种兵种混合编列，显示了秦军“千军万马如卷席”的强大阵容，研究这些兵马的编列规律，可以使我们了解到当时是怎样排兵布阵的。

1. 一号兵马俑坑军阵的编列

一号兵马俑坑已经发掘出土陶俑、陶马约两千件，其中战车 22 乘、拉车的陶马

军吏俑

88 匹、各类武士俑 1900 多件。一号俑坑内军阵坐西向东，呈东西向的长方形，长 184 米，宽约 57 米，它是以步兵为主、战车与步兵相间排列的大型军阵。这一军阵由前锋、左右翼卫、后卫和军阵主体四大部分组成。

前锋部队位于一号俑坑东端的长廊部分，有步兵俑 204 件，面朝东方排成三列南北向的横队，每列有步兵俑 68 件。这些俑中有三件为头绾圆髻、身穿铠甲的步兵俑，其余都是不穿铠甲的轻装步兵俑。所持的兵器主要是弓弩，只有十一件俑手持戈、矛等兵器。在三列横队的左右两端各有一件头戴长冠的军吏俑，为前锋部队的统帅，这两件军吏俑的装束

步兵俑阵容

不同，左边的身穿铠甲，右边的为不穿铠甲的轻装俑。军吏俑的附近各出土仪卫性的兵器金钩一件，好像是为军吏俑所佩带。

两侧翼卫部队位于一号兵马俑坑军阵的左右两侧，即一号和十一号过洞内。每个过洞内有步兵俑两列，其中一列排成纵队，面朝东方，另一列排成东西向面朝外的一字形横队。每个过洞长 178 米，有步兵俑约三百六十件。整个军阵坐西向东，而两侧翼卫分别有一列为向南、向北排列，以防止敌人从两侧袭击。这些俑除了东端的三十多件为不穿铠甲的轻装步兵俑外，其余都是身穿铠甲的重装步兵俑，手中所持的兵器主要是弓弩，部分俑腰部还有佩剑。

后卫部队位于一号俑坑西端的长廊部分，即军阵的末端。在这里也有呈南北向

立射俑

秦始皇陵兵马俑阵容壮观

排列的三列横队，其中两列面朝东，最外边的一列面朝西。由于一号俑坑的西端还没有全部发掘，因此，这三列横队步兵俑的数量和所持兵器的情况还不清楚。但根据试掘方内陶俑排列的密度推算，它的数量与一号俑坑东端作为前锋的三列横队的步兵俑的数量大体接近，约有二百件。这些俑的装束与前锋部队不同，都身穿铠甲，脑后绾六股宽辫形扁髻，是重装步兵俑。

军阵主体部分的部队位于上述四面步兵俑环绕的中心部位，即一号俑坑的二至十号过洞内。这里有战车与步兵相间排列的三十六路纵队，每队长 178 米。根据已

秦始皇陵二号兵马俑坑阵容

发掘和局部试掘部分陶俑、陶马出土的情况推断，共有战车五十多座、步兵俑四千多件。由于一号俑坑还没有全面发掘，因此战车和步兵排列的详细情况还不清楚。战车都是木质，车前驾有四匹陶马，车上有武士俑三件。步兵俑中除军阵主体的前端少量俑为不穿铠甲的轻装步兵俑外，其余都是身穿铠甲的重装步兵俑。步兵俑所配备的武器是弓弩与戈、戟、矛、铍等长柄兵器，少数俑的腰际佩剑。

身穿铠甲的步兵俑

2. 二号兵马俑坑军阵的编列

二号俑坑军阵的编列与一号坑不同，它分为四个单元，即四个小阵有机地组成一个多兵种的曲形阵。它的编列方法是这样的：

第一单元，弓弩步兵组成的方阵，位于二号俑坑的东北角，这里共有步兵俑332件，排成一个面朝东的正方形军阵。它由阵心和阵表两部分组成。阵心由八路面向东的身穿铠甲的跪射俑组成，每路纵队有俑20件，共160件。方阵的四边都是立式的步兵俑。其中，前边的步兵俑排成两列面东的南北向横队，每列

高级军吏俑

有俑30件，两列共60件。第一列除了左端一件为身穿铠甲的步兵俑外，其余29件是轻装步兵俑。第二列全是身穿铠甲的重装步兵俑。方阵的左右两旁，各有三路面东的纵队，每路有俑14件，三路共有42件，全都是轻装步兵俑。方阵的后边，有两列面东的南北向横队，每列有俑14件，两列共28件，多数为轻装步兵俑，其中有两件地位较高的铠甲俑。一个铠甲俑为身穿彩色鱼鳞甲、头戴鹖冠、双手拄剑的高级军吏俑，另一个铠甲俑为身穿彩色花边前胸甲的中级军吏俑。这两件俑立于方阵的左后角，像是统帅。根据俑的姿态、手势和伴随出土的兵器，我们可以知道，阵心部分的跪射俑手持弓弩，阵表部分的轻装步兵俑为立射俑，阵表部分的铠甲俑（除统帅外）是手持戈、矛等兵器的步兵。

第二单元，位于二号俑坑的右侧，是由战车组成坐西向东的方阵。这里共有战车八列，每列八乘，共六十四乘，组成一个方阵。车是木质的，已经腐朽，仅存有遗迹。车前驾有四匹陶马，即两骖、两服。车上有铠甲俑三件，其中一件是御手，另

两件是甲士（即车左和车右）。御手俑双手呈揽辔状，另两件甲士俑一手呈持矛、戈等长兵器状，一手呈按车状。

第三单元，位于二号俑坑的中部，是由车、步、骑组成坐西向东的长方阵。这里共有战车十九乘，排成三路纵队，中间的一路有前后依次排列的战车七乘，左右两路各有前后依次排列的战车六乘。左侧六乘战车中的最后一乘是指挥车。车也是木质，已腐朽，车前有四马。每乘车上有甲士俑三件，呈横一字形排列。中间的一件为驾车的御手俑，另两件为车左、车右。指挥车上也有陶俑三件，其中一件为高级军吏俑，另外两件俑一个是驾车的御手，一个是车右。每乘战车的后边都有隶属步兵俑跟随。前边的十四乘车，每乘车后有步兵俑八件；阵尾部分的五乘车，其中有两乘车是每乘车后有步兵俑二十八件，另三乘车是每乘车后有步兵俑三十二件。在长方阵的最后以八位骑兵作为殿军，八位骑兵分为前后两列，每列四骑。

第四单元，位于二号俑坑的左侧，是一个坐西向东的骑兵阵。这里有战车六乘、

御手俑和战马

骑兵一百零八骑，排成十一列横队。第一、三两列是战车，每列有车三乘。第二列及四至十一列为骑兵，每列有骑兵三组，每组四骑，共计十二骑。战车都是木质，已腐朽，车前驾有四匹陶马。车上有陶俑两件，一个御手，一个车右。古代一乘战车上一般有三人，而这里的六乘战车，只有两人，缺少一人，叫做“旷左”。这种车叫佐车，又叫副车、贰车。这个骑兵阵的纵深大于面阔，以两列战车夹一列骑兵作为阵首，后面紧接着是八列骑兵（共计九十六骑）作为阵体。这种编组方法在考古史上是首次发现。

秦始皇陵三号兵马俑坑阵容

3. 三号兵马俑坑军阵的编列

三号俑坑的结构比较复杂，分为左、中、右三区。中区有车一乘。左区（即北区）有铠甲俑二十二件，分南北两边呈面对面夹道式排列。右区（即南区）有铠甲俑四十二件，分别位于前廊、甬道、前厅、后室四个区域内，呈面对面夹道式排列。俑手中持有仪卫性兵器殳。三号俑坑是指挥一、二号俑坑军阵作战的指挥中心。

4

秦始皇陵三号兵马俑坑一景

．未建成的四号俑坑

1976 年夏天，在一号兵马俑坑的中部北侧，二号和三号兵马俑坑之间，通过考古勘探发现了一个没有建成的兵马俑坑，编号为四号坑。坑内充满了淤泥和淤积的沙石，没有陶俑、陶马和其他文物遗迹。根据考古结果分析，这个坑是人工挖掘出来的，坑的深度和一、二、三号俑坑的深度相似。从俑坑的整体布局上看，如果有四号俑坑那么兵马俑坑的布局则显得很完整，去掉则显得右重左轻而不太对称。因此，考古学家推断它肯定是和一、二、三号俑坑同时挖掘的一组陪葬坑。

总之，秦始皇建造兵马俑坑主要是为了他在死后也能像生前一样继续统率这支强大的军队，这个巨大的地下兵团以战车、步兵组成的一号俑坑军阵是右军；以战车、骑兵和弩兵组成的二号俑坑军阵是左军；未建成的四号俑坑，是原来设想的中军；三号俑坑是统帅右、左、中三军的指挥部。我们仿佛看到了两千多年前的秦王朝兵强马壮、灭六国、统一中国叱咤风云的气势。

四、秦俑的雕塑艺术

秦始皇兵马俑的宏伟场面，让人震撼，尤其是把没有生命力的陶土塑造成一个个活灵活现的如同真人、真马般大小的陶俑和陶马展现在世人的面前。陶俑形态各异，使我们看到了当时现实生活中的秦人的形象，同时我们也不得不赞叹中国古代的劳动人民的心灵手巧。

（一）栩栩如生的形象

秦人对头发、胡须和眉毛非常重视，往往把头发的式样看成是一个人身份、地位的象征。我们可以从秦俑的发型中看出秦人对头发的重视和讲究：头发梳理得整整齐齐，发髻有圆髻和扁髻之分，发辫也是各式各样，真实地反映了当时人们的形

带有胡须的士兵俑

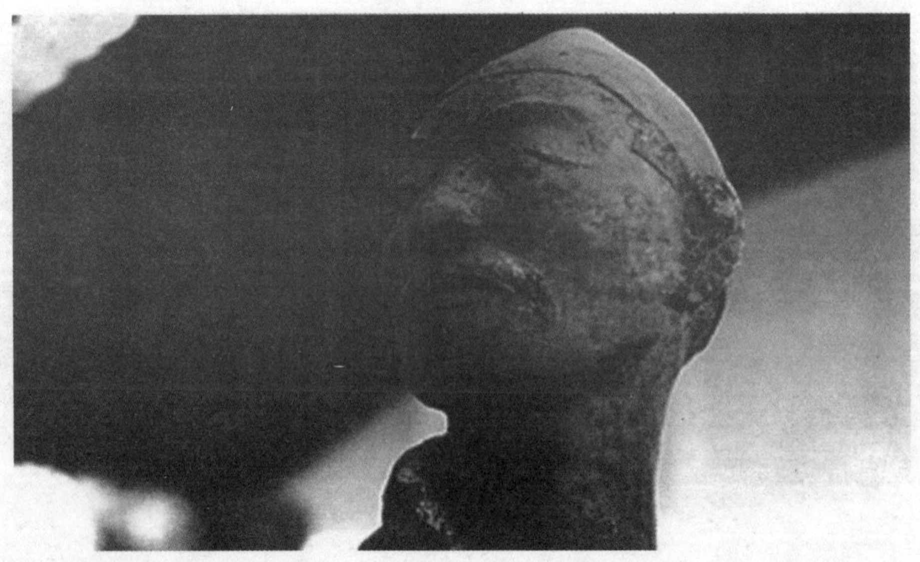

象。

秦始皇兵马俑坑中的轻装步兵俑和一部分铠甲俑，都在头顶的右侧挽有高大的圆形发髻，在双髻和后脑各梳一根三股小辫，这二根小辫相互交叉盘结在后脑，交接处有的别着白色方形发卡，发髻上扎着发绳和发带。圆髻的形状远看大体上相似，近看就可以辨别出各种不同的变化，有单台圆髻、双台圆髻和三台圆髻之分。秦俑发辫的盘结形式多种多样，以十字交叉形和枝杈形数量最多，发辫在后脑盘结，既美观又起着束发的作用。

秦人对头发、胡须和眉毛都非常重视

扁髻是军吏俑、御手俑、骑兵俑和部分铠甲俑头上绾结的发髻。扁髻多为六股宽辫形，它的绾结方法是：把全部头发梳理后拢于脑后，编成六股宽辫，再把宽辫折叠成长方形反贴在脑后，在宽辫的中部别上一枚白色方形发卡，发卡背面有两条细绳，把宽辫紧紧地固定在脑后的发层上。

秦人不仅对头发十分钟爱，对胡须也非常重视。秦汉时，一般成年男子都留胡须，只有犯了罪才剃须。秦俑坑出土

形神兼备的秦俑

的武士俑，除了个别的没有胡须外，其他的都有胡须，而且样式很多，有的是络腮胡、有的是长长的胡须，还有的是八字胡等等。这些胡须的样式是秦代雕塑师们通过社会生活实践而提炼出来的，并且适当地加以夸张，赋予人物多姿的形象和鲜明的性格。

从每一件陶俑的面部和所留的胡须形状来看，无论留哪一种胡须，都是与年龄、性格和社会风尚有关系的，同时，胡须的形状也影响俑的面貌、神态和性格。比如，年轻的多留短八字胡须、平直形胡须或者不留胡须，显得更加年轻和行动敏捷、干练；年龄较大和面孔严肃的，多留下垂形胡须，显得更加庄重、威武；身材魁梧的，多留上翘形胡须，显得更加剽悍。秦俑的面部轮廓，以“目”字、“甲”字和“国”字形最多，以“申”字和“由”字形最少，此外，还有“用”字、“田”字形等脸型，这种现象说明秦人和现代人的面部轮廓基本相同。秦俑的面貌，也有美、丑、胖、瘦、年轻、年老、常见脸型和罕见脸型的区别。如果仔细观察，也可分出喜、怒、哀、乐等情绪，可谓形神兼备，刻画精细。

秦俑的五官，除了耳朵是预先制好后粘贴到面颊两侧的以外，其余都是经过精心雕刻的，尤其是眼睛的刻画比较精致。眼睛是心灵的窗户，不同的眼神表露出不同人物的内心世界。所有秦俑的眼球都是仅雕刻出一个微微的凸面，然后再以彩色点染，绘出白睛黑珠，由于时间久远，大部分俑眼球上的色彩已经脱落，只有极个别的颜色鲜艳如新，使我们能看到原来眼神的风采。秦俑的眼睛绝大多数是较厚的单眼皮，双眼皮极少，这与关中秦人的实际情况基本吻合。

秦俑身上的衣服，可以分为上衣和下衣两大类：上衣有长衣、短衣、褶衣、中衣、内衣等;下衣有裤、裹腿、护腿等。

文官俑

大多数秦俑都穿长达膝部的长衣，高级军吏俑穿的长衣为两层，中级和下级军吏俑以及一般战士穿一层长衣，长衣的基本特征是：衣领相交，右领压在左领之上，双襟宽大，几乎把身体包裹两周，长度达到膝盖或膝下。短衣的样式和长衣基本相同，就是长度比长衣短了一截，衣的下摆仅盖住臀部。褶衣是骑兵俑的

文官俑

武士俑身上的甲衣清晰可见

服装，衣长到膝盖，衣领相交，袖长到手腕，袖口窄小，腰系皮带，领、襟和袖口都镶着彩色花边。高级军吏俑穿内外两层的长衣，内层的长衣就叫中衣，中衣比长衣略长，颜色多为大红，与外衣的颜色形成鲜明对比。内衣又叫汗衣，是贴身小衣。

秦俑下体都穿裤，裤有长裤和短裤两种。长裤又叫大裤，裤筒长至脚腕，把腿全部包裹在裤管内，裤脚紧紧束住脚腕，主要见于高级和中级军吏俑。步兵俑和车兵俑基本上都穿短裤，短裤的裤管较短，只能盖住膝部。秦俑中的轻装步兵俑和一些身穿铠甲的重装步兵俑，小腿部分扎着裹腿，就是用条带形的布条由脚腕向上螺旋形缠裹到膝盖下，上端用带束扎。另外，有一部分步兵俑和御手俑的小腿上都套有护腿，其质地厚重，里面好像包裹了棉絮，可以用来防御箭头、戈矛伤害腿部，是一种卫护身体的防护装备。

在秦俑坑中，还有一部分俑的身上披有铠甲，这些披铠甲的武士俑，威武健硕，再现了秦代武士的标准形象。武士俑身上的甲衣采用浅浮雕的艺术手法刻成，形象逼真，甲片的大小、叠压顺序以及编缀方法，都十分清楚。由于俑的大小和

从兵马俑身上可以看出，秦军防护装备已十分完备

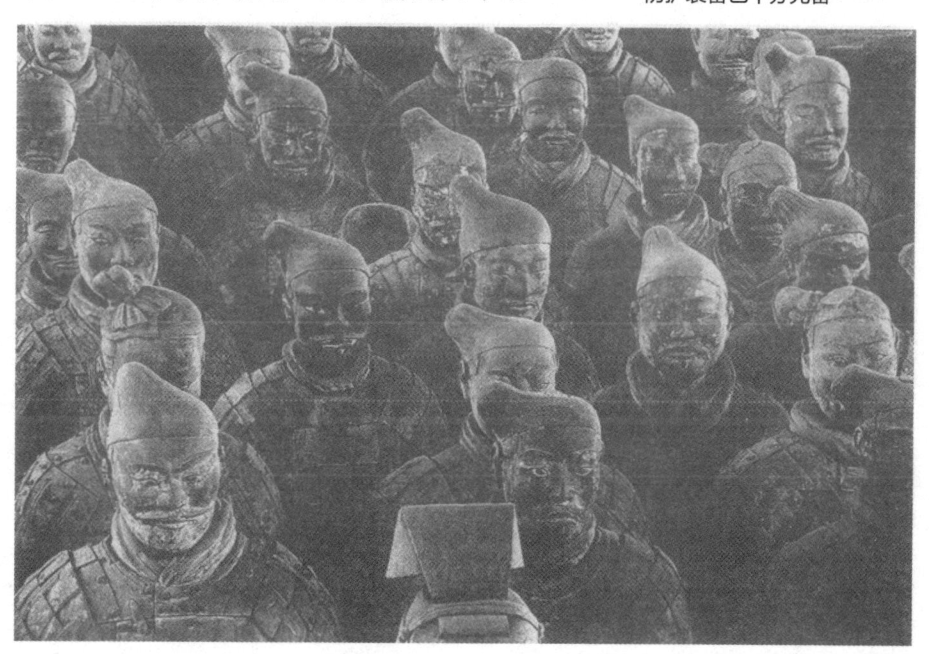

真人相似，所以甲衣的大小很接近于实物，这是研究秦军防护装备最珍贵的资料。

从武士俑身上的甲衣来看，不同的兵种有着不同的甲衣：骑兵的甲衣短小，双肩没有遮护的甲胄，这种短小灵便的甲衣，非常适合骑兵进行骑射。御手俑的甲衣比较长，特别是一般战车上御手俑的甲衣，脖颈上有颈甲，手上有护手甲，肩甲更为特殊，长及手腕，腿部还有护腿，几乎全身重要部位都在甲衣之内，在秦军中是防护装备最好的。此外，秦俑的职位高低不同，甲衣的样式和装饰也不同。军吏俑与一般士兵俑的甲衣有着明显的不同，高级军吏

初埋地下时，这些秦俑都绘有鲜艳的色彩

俑的甲衣前胸和后背有几朵彩带花结，胸和腰部以下嵌缀鱼鳞片状的小甲片，甲衣边缘绘有精致的几何形图案花纹，而步兵俑的甲衣都是用比较大的甲片编缀而成的，有肩甲，但甲衣上没有任何装饰。

壮观的秦始皇陵兵马俑阵容

秦俑在埋入地下之前，身上都绘有鲜艳的色彩，但经过两千多年的侵蚀，出土时色彩大部分已经脱落，仅留下残迹，个别俑的身上残存的颜色比较多，色泽如新。总的看来，秦俑的服装没有统一的颜色，而是各有所好，色彩艳丽。在众多的颜色中，以粉绿、朱红、粉紫、天蓝这四种颜色为主，是主要的服装颜色。军队官兵、政府官员、宫廷内养马喂兽的仆役人员，他们的衣服颜色没有明显的区别，军队中各兵种也没有专有的服装颜色。

（二）写实的艺术风格

秦始皇兵马俑是写实性的优秀作品，这是国内外专家一致的意见。在构图上它模拟军阵的编列；在艺术表现形式上，给人的第一印象就是高大、数量多、真实。八千件和真人、真马大小相似的陶俑、

不同着装代表着不同职位或阶级地位

陶马，一列列、一行行排列有序，场面壮观，气势磅礴，呈现出一种崇高的艺术境界，令人震撼。

从局部观察，每件作品都是经过精心雕琢，极力模拟实物制造而成的，其严格的程度令人吃惊。例如，陶俑、陶马的高低以及战车的大小和各部分的比例，都尽力按照实物的真实尺寸制作；武士俑的铠甲，甲片的大小、叠压关系和编缀方法，与真实的甲衣完全相同；武士俑手持的是实战用的兵器；俑的服装、冠履、发型，都接近真实；队列的编制组合，也合乎兵书上的规律，这都是秦军真实的写照。

秦俑艺术的一个显著特征，就是重视

传神，工匠们能够抓住不同身份、不同人物的性格特征和精神面貌着意刻画，塑造出多种多样的人物典型。如将军俑的形象是身体魁梧，巍然伫立，有非凡的神态和威严的魅力。有的面型修长，一把长须，显得稳健风雅；有的胡须飞卷，目光炯炯，表现了威猛的气势和豁达的性格。一般战士的神态更是多种多样，有的眉宇凝聚，显得意志坚定而刚毅；有的五官粗犷，性格憨厚淳朴；有的舒眉秀眼，性格文雅；有的注目凝神，机警聪敏；有的神情肃穆、稳健；有的眉宇舒展，带着天真活泼的稚气。也有通过一定动作的塑造，来揭示文物精神面貌的，如立射俑，左腿前弓，右退后绷，左臂伸张，右臂弯曲高举，那严肃认真的神态，逼真而生动。

（三）高超领先的工艺

秦俑坑出土的这些高大、形象逼真生动的陶俑、陶马又是怎样制作的呢？考古工作者在发掘和修复的过程中，经过对一件件作品详细的观察，大体上摸清了陶俑、陶马制作的工艺过程和技艺手法：它是以手塑为主，俑头和马头借助

每个兵马俑都是一件精美的艺术品

秦始皇陵兵马俑群

俑头的制作工艺很有讲究

模子制作成初胎，再进行细部雕刻。其工艺过程是先用泥塑成粗胎，再经过二次复泥进行修饰和雕刻，头、手和躯干分别制作，然后组合到一起，成型阴干后放进窑内焙烧，烧制的温度大约在1000℃，出窑后再对俑进行通体彩绘。

1. 俑头的制法

俑头都是单独制作，然后与躯体套合组装成一体，俑头的制作过程分为两个步骤：第一步先做成大致轮廓的粗胎，第二步再加工雕刻五官和发髻、发辫、冠帻等细部。绝大多数俑头的粗胎都是用合模法制作的，这种方法是将俑头分为大致相等的前后两半，分别用模具制作，然后将模制成的两半相合粘接在一起成为头。大型黏合时留下的缝都比较整齐，多数位于耳朵后。一些俑头出土时，合模缝处已经裂开，胎壁的内侧有手指的抹划纹和按压纹。

俑头的粗胎制作成后，要进一步粘接脖颈、耳朵、发髻、冠帻以及进行五官细部的刻画等。俑头的脖颈，有的是空心的，有的是实心的，粘接在脑壳下部的空腔内。耳朵是用单模制作，粘接在脑壳的左右两侧；也有少数俑的耳朵是堆泥捏塑和雕刻而成。陶俑的发髻有两种：一种是贴于脑后的扁髻，多数是堆泥雕成，少数是单独制成后粘接在脑后；另一种是圆髻，有的是空心髻，有的是实心髻，空心髻是用合模法制成后粘接在头顶右侧，实心髻是堆泥雕成。发辫的制作技法有两种：一种是雕刻而成，另一种是单独雕成后粘接在头上相应的凹槽里。俑头上戴的长冠和鹖冠，都是单独雕塑成型后粘接在头顶上的。步兵俑的帻和骑兵俑头上的圆形小帽，都是在头上覆盖上泥后雕成的。

俑头面部的五官是在模制粗胎的基础上，再经过精心的雕刻和修饰，用来表现人物不同的性格和心理特征。年龄不同，面部的肌肉也相应地有所变化，可以说是千人千面，面貌神情各不相同。

威武雄壮的兵马俑阵容

2. 俑躯干的制法

陶俑躯干的制作方法，是从下而上逐步采用叠塑法先制成粗胎，然后再进行细部的处理和雕刻，其工艺过程有六个步骤：

兵马俑的双腿制作多种多样

第一步，先制作陶俑站立的脚踏板。由于陶俑站立的姿势不同，脚踏板的形状也不同，有方形、长方形、五角形等，是用方框形的模具填泥制成板状，表面光滑。

第二步，塑造俑的双脚。俑的双脚，有的和脚踏板连在一起塑造；有的不和脚踏板连在一起，等到入窑焙烧后再把脚踏板用胶合剂粘接在脚下。为了方便下一步接塑双腿，在做脚和鞋时，有的在脚跟部分预先留下圆形凹槽或圆形插头。

第三步，俑的双腿和短裤。俑的腿有粗、细两种，细腿是实心的，粗腿是空心的。实心腿的做法是，先把泥片反复卷搓锤打成圆柱形，接塑在脚跟上，交接面上拍打粗绳纹，使结合紧密，再经过刮削修饰成型。空心腿的做法多种多样，有的在脚跟上堆泥塑成脚腕，在脚腕上用泥条盘筑成型；有的用泥片卷成漏斗状，接在脚跟上；有的将泥片卷搓锤打成实心的泥柱粘接在脚跟上，再将泥柱的上半段挖成漏斗形的洞。陶俑下身穿的短裤的制法是，先在双腿的上段外侧拍印一圈粗绳纹，有的是缠扎几圈的粗麻绳，把预制的泥片包裹在双腿上段塑造成裤管，并印上花纹。

第四步，塑造俑的躯干。秦始皇兵马俑坑出土的陶俑的躯干内部都是空的，用泥条层层盘旋塑成。观察已经破碎的陶俑躯干内壁，可以发现一圈圈的泥条接茬痕迹明显，还有手指刮抹的痕迹，并留有圆形的锤窝。这说明为了使泥条缝隙密实，曾经在俑的体腔内侧衬着麻布或绳的编织物用木棰捶打。

秦俑的双臂是空心的

第五步，粘接俑的双臂。陶俑的双臂是空心的，都是单独制作的，然后粘接到躯干的两侧。为了增强接茬处的附着力，在粘接面印上粗糙的纹路或用刀划出交错的沟痕。

第六步，插接俑的双手。手都是单独制作，然后插接在袖管内。手的姿态多样，所以制作的方法也不一样：有的伸掌，有的半握拳，有的双手叠压在腹前做拄剑状，有的缩在袖管内只露出拇指和食指。手采用了两个模具制作，其中一个模制四指和手背，另一个模制掌心和拇指，最后将两片黏合在一起。

经过这六个步骤之后，陶俑的制作

基本完成，在这个基础上再进行下一步的细致雕刻。在陶俑粗胎表面抹一层细泥，经过打磨抹光，刻画、塑造衣襟、领角、领口和衣服的各种褶纹。衣角和衣领采用浮雕加阴线刻的技法；衣襟、袖口的纹路做成浅浮雕的效果；衣服的褶纹用阴线刻，风格简洁。短裤的裤管下口，雕成圆形、方形、六角形、八角形等不同的形状，装饰意味十分浓厚。有的俑腿部有厚重的护腿，但没有复杂的纹路，线条简洁，质感较强。陶俑身上的铠甲，有的是在俑的粗胎上直接雕刻，有的是在粗胎上先抹一层细泥，然后雕刻成浮雕的效果。甲片的叠压关系很清楚，形象逼真，质感和立体感都很强。陶俑的手、脚和鞋的细部刻画比较精致，手的指甲、关节、手纹和肌肉的厚薄都非常逼真，脚面的肌肉和筋骨的变化都十分清晰。陶俑的躯干和四肢部分经过精心的雕刻以后，再把另外单独制作的俑头安装上，陶俑的整个制作过程就完成了。等到陶俑的胎质完全阴干后入窑焙烧，出窑后再彩绘。

甲片制作逼真，立体感很强

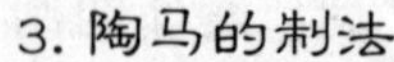

3. 陶马的制法

秦始皇陵兵马俑坑中出土的陶马

兵马俑坑出土的陶马，出土时没一件是完整的，考古工作者在清理和修复陶马的过程中，发现陶马的制作方法是：先将马头、颈、躯干、四肢、尾、耳等分别制作，然后粘接和拼装成为粗胎，再经过雕饰加工成型，阴干后入窑焙烧，最后彩绘。

陶马的身体塑造手法简洁，都是弧面没有雕饰，这样就显得膘肥臀圆，肩部高耸、脊部微凹，胸部肌腱隆突，前腿如柱，后腿如弓，关节筋骨分明。马头的塑造比较细腻，显得透皮见骨。薄薄的眼皮用折皮的阴线表示折纹，眼球隆凸。粗大的鼻孔上刻着螺旋形的折曲阴线，借助光线的阴暗作用，好像看到了马在扇动着鼻翼，打着响鼻。马的耳朵向前耸立，显得十分机警。陶马的造型准确，各部分的比例适宜，技法熟练，说明了秦代在雕塑动物的造型上已经达到了相当高的水平。

那么这些栩栩如生的兵马俑又是由谁塑造的呢？经过考古工作者多年的研究，弄清楚了秦俑的具体制作者是处在秦

陶马

王朝社会下层的一批陶工。这些陶工有的来自宫廷的制陶作坊，有的来自地方的制陶作坊，目前已经发现陶工的名字八十个，他们都是具有丰富实践经验的优秀制陶工。陶工的名字一般刻在或戳印在陶俑、陶马身上一些不被人们注意的地方，字数很少，一般只有一两个字。来自中央官府制陶作坊的陶工名字前加一个“宫”字；来自地方制陶手工业作坊的陶工名字前加一个地名，以“咸”或“咸阳”居多，说明是来自秦都城咸阳附近的陶工。这些被埋没了两千多年的艺术大师，由于兵马俑的发现而重新出现在人们的面前，这对中国考古史和文化艺术史有着重要的意义，使兵马俑成为雕塑史上无与伦比的奇迹。

五、青铜之冠，厚葬之风

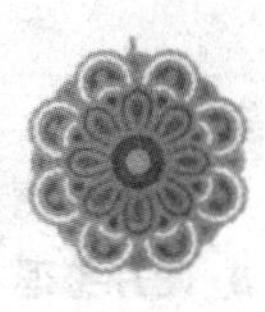

秦始皇陵一号兵马俑坑

规模庞大的兵马俑坑作为秦始皇死后的重要陪葬坑被发现后，引起了人们对秦始皇陵其他考古发现的重视。经过三十多年的考古勘探，考古学家在秦始皇陵园内外又发现了各种大小不等的陪葬坑和各种墓葬坑五百多处，以及数百万平方米的地面宫殿建筑遗址。这些考古发现有：

（一）铜马车陪葬坑

1978 年 7 月，考古队在秦始皇陵封土西侧钻探，不久发现了一座平面呈“巾”字形的大型陪葬坑，坑东西长和南北宽均为 55 米，距离现在地表约 8 米，面积为 3025 平方米。经过考古专家的局部试掘，于 1980 年在一个木椁内出土了一前一后排

铜马车

列的两乘大型彩绘铜马车，马车出土时已经残破，经过修复后恢复原状。车马的大小相当于真车马的二分之一，每乘车都是由三千多个零部件组装而成，重一千多公斤，其中金银饰件重约七公斤。两乘车的形制却不相同：一号铜马车的车前驾有四匹铜马，车上立着一个高柄的铜伞，伞下有站立的铜御官俑一件，车上配有铜弩、铜箭、铜盾。车马通体彩绘，马头上戴着金银笼头、金银缰索、金银项圈，显示了马车等级的高贵。二号铜马车的车前也驾有四匹铜马，车舆类似后代的轿车形，四周封闭，上面有龟甲形的车盖，车的两侧及前边各有一窗，后边有门，门窗都可以自由开合，车分为前后两舆，前舆内有跽坐的铜御官俑一件，车马通体彩绘，装饰华贵。一号车古代称为立车，二号车古代称为安车，是皇帝车马仪仗队中的两乘车。车马的驾具齐全，形象逼真，与真车没有区别，是迄今中国发现的体型最大、装饰最华丽，结构和系驾最逼真、最完整的古代铜马车。被誉为“青铜之冠”，同时也为研究皇帝的舆服制度提供了具体的实物资料。

（二）石铠甲坑

石铠甲坑位于陵墓封土的东南角内外城垣之间，面积12900平方米。经过考古专家的局部试掘，已出土石质铠甲90领、石盔36顶以及一批车马器。石铠甲、石盔都是由各种不同类型的青石片用铜丝编缀而成，它的大小和编缀的方法和真实的盔、甲完全相同。石甲的类型很多，通过对其中的部分甲和盔进行的提取修复，我们可以知道，石甲和石盔缺乏韧性，石片容易破碎，重量过大，因而可能不是实用物，而是冥器。

石铠甲坑

百戏俑

（三）百戏俑坑

位于石铠甲坑的南侧，两坑相距约四十米，面积约八百平方米。经过局部试掘，在面积约九平方米的范围内出土陶质百戏俑十二件，另外，还出土大铜鼎一件。百戏俑的大小和真人相似，下身穿着短裙，身体其他部分全是裸露的。现在已经提取修复了三件，其中一件身体壮硕，双脚一前一后分开，右臂举起做托物状，怀疑是扛鼎俑。这个坑曾经伴随出土了一件大铜鼎，重 212 公斤，原来置于坑顶的棚木层上，由于棚木被烧毁，就落在坑下的填土中，怀疑该鼎是这个俑象征性的道具。另一件俑是大力士的形象，腹大如鼓，双臂及胸部的肌肉暴起，他双脚张开，双手放在腹前握持腰际的前搭，左臂和躯干间有圆孔，孔内原来插一高竿，竿上应当有另一个演员做竿技表演，这个俑是持竿的力士俑。第三件俑身体比较瘦小，是属于技巧型的演员，他双脚伫立，双手交叉垂在腹前，是演出前的准备姿态。另外，还没修好的俑中还有盘旋等各种不同姿态的俑，这为了解宫廷的娱乐活动以

百戏俑

及秦代人体造型提供了新的资料。

秦陵跽坐俑

（四）马厩坑

有大型和小型两种：大型马厩坑平面呈曲尺形，面积两千多平方米，经过局部试掘，发现坑内埋的都是真马，并有身高 1.9 米的大陶俑。小型马厩坑已经发现了 98 座，每座坑内埋有一匹真马，马头前放有陶盆、陶罐，盆里有谷子和草。马头旁边的小柜子里有一个身高七十厘米左右的跽坐俑，俑前放有陶灯、铁镰、铁锸等物品。出土的陶器上刻有“大厩”“中厩”“宫厩”“左厩”“小厩”等文字，表明马厩坑象征着宫廷的厩苑，秦始皇在死后也要享用。

（五）珍禽异兽坑

已经发现 31 座，试掘了 4 座，有瓦棺出土，棺内有鹿、麂等动物的遗骸，另外还出土有跽坐陶俑。根据钻探和试掘情况分析，31 座陪葬坑中有 14 座为跽坐俑坑，17 座为盛动物的陶棺坑。俑是饲养动物的人员，秦始皇生前，就在京城附近的上林苑养着珍禽异兽、奇花异草，以供游猎、巡幸之用。他把囿苑搬到地下，

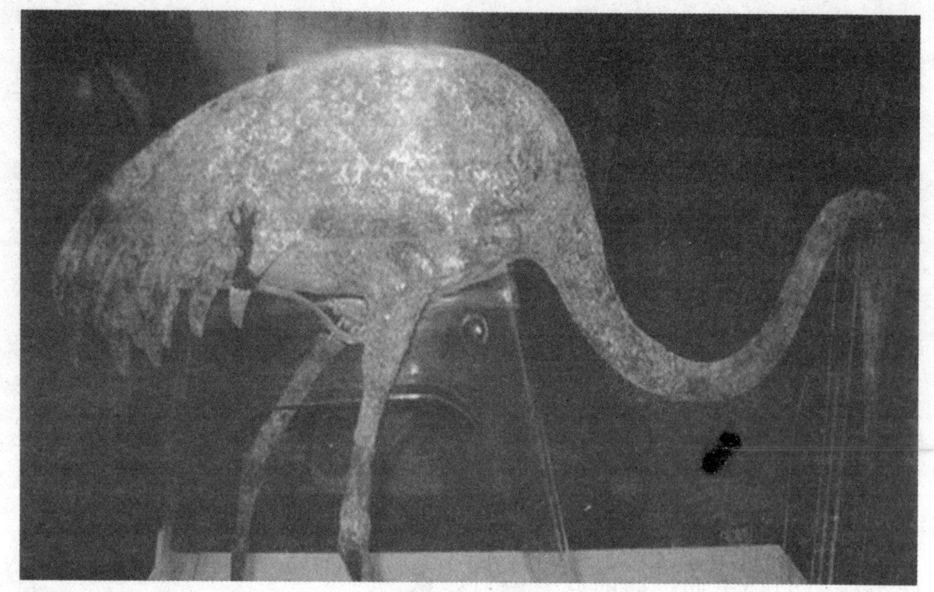

博物馆里陈列的动物俑

以便死后享用。

除此之外还发现了一些陵园建筑的遗址，有内外城垣、门阙、寝殿、便殿、园寺、吏舍等建筑，还有一批陪葬墓。其中位于陵墓封土西北角的甲字形大墓可能是公子高的墓，还有修陵人员的墓葬区，说明秦统一中国后曾从全国各地征调大量的刑徒和民工来修筑陵墓。

栩栩如生的兵马俑给游人留下了深刻的印象

正是由于考古工作者的辛勤劳动，使我们对“千古一帝”秦始皇的陵墓有了更为细致的了解，充满神秘的地宫，栩栩如生的兵马俑，令人赞叹的雕塑艺术，给我们留下了深刻的印象。

秦始皇陵兵马俑